與DNA共舞的大師
洪伯文^{博士}「贏的秘密」

洪伯文◎口述　夏秋蘋◎著

前衛出版
AVANGUARD

賴序

一位走在時代前端的生命科學家

分子生物學起於 1940 年代,在那段時期 DNA 被證明為生命的遺傳分子,隨後於 1953 年 Watson 及 Crick 解出了 DNA 雙旋形的構造,奠定了生命遺傳的法則,旋即進入了分子生物學的黃金時代。1970 年代開創了遺傳工程技術,使基因的修改或大量生產變為可行的技術,基因治療不再是遙不可及的幻想,幹細胞的發展更掀起有朝一日可以用來治病,修補損壞器官,實現恢復身體功能的夢想,這些醫學的進步是石破天驚的,近幾十年的諾貝爾獎有許多是頒給這些傑出成就的人物。

約在同一時期,有一種奇異的生物體——濾過性病毒,它被發現了,它是許多疾病(例如小兒麻痺)的病原體。1950 年後它和某些癌症也被證明有因果關係。它的奇異性在於它的構造簡單,只有幾十個基因(相對地,人類有三萬多基因),卻有完整的生命機能。病毒的研究開創了許多科學及醫學的新領域,例如反轉錄酶的

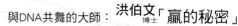

發現，癌症基因的確定，還有其他一些奇特的生物現象，均是病毒研究的產物，近幾十年的諾貝爾獎也多次頒給這個領域的先驅。

洪伯文博士就是在這個生物醫學研究蓬勃發展的時代，親身參與這個行列。他從醫學生時代即對生物醫學（即所謂的基礎醫學）產生濃厚的興趣，因而立志放棄臨床工作而專攻生物醫學，也促成他捨棄台大醫學院的學生生涯的決定，而隻身負笈美國攻讀生物科學。當年那時代醫師是優渥生涯的金飯碗，要做如此不傳統的決定是要有很大的決心的。他在美國的研究生時代即表現出不凡的天賦，以兩年的時間即得到生化博士（通常要四年以上）。他又以獨特的思維，不循正規的途徑去繼續走基礎研究的路線，而追求可以直接把研究成果轉移到提升人類健康福祉的藥物開發領域，因而他選擇進入藥廠做研發的工作，在這數十年中他完成許多重要的工作，其中犖犖大者包括發展了尿激酶的遺傳工程及它的量產，而癌

症病毒的激酵素研究，發展了抑制免疫系統的藥，還有B型肝炎病毒的檢驗，和愛滋病毒的治療以及疫苗研發等等。另外還發展出治療心肌梗塞和腦血栓的溶血劑 TPA，這些工作，不僅為他所工作的藥廠廣闢財源大發利市，他也為自己奠立了在學術界的國際地位。他自己就說過，有幾次他與諾貝爾獎擦身而過，也許是因為他太專注於比較實用的研究，而錯失了追根究柢深入基礎研究的機會，不免可惜，但這些成就證明了洪伯文的科學眼光及科學感（sense），也就是能夠洞燭機先，走在時代的最前面，這就是好的科學家。

　　洪伯文可說是亞裔科學家的異數，他熱衷於探究生命的奧秘，而追求實用的科技研發。他熱衷於淡泊的研究生涯，卻不忘享受財富帶來的舒適生活。從實用科學研究，他得到世界許多國家的榮譽，以致能雲遊四海，四處遊學，享盡科學界的榮華富貴，亦受到同儕的敬重。他又具有文藝復興的情操，精於滑雪、網球、橋牌、保齡球，無所不通，讀書又輕而易舉，真是位奇才。

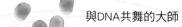

　　洪兄待人誠懇而豪爽，所以朋友多深交，我於七零年代在病毒學會議初遇洪兄，以後即常在科學會議及其他場合見面，已有三十多年，洪兄與其夫人 Nancy 緣起於約會，卻結褵愈五十年。這本書點點滴滴介紹了一個科學家的心路歷程，可以做為外界之人窺視科技的奧妙世界的一個窗口，特此為序恭賀一位在生命醫學研究而名滿天下的一位前輩。

國立成功大學校長
前中央研究院副院長

李序

　　為什麼我會為洪伯文博士的這本傳記寫序呢？可能是因為伯文說他不叫做洪麗娜！在傳記裡的第一章，伯文幽默的以「我不是洪麗娜」為題，因為，在他出生前，伯文的父母就殷切地盼望能生個女兒，並且事先給肚子裡的孩子取好了名字——「麗娜」。只是，天不從人願。在幾年之後，伯文的父母才如願的喜獲千金！

　　透過麗娜，我才結識了伯文。

　　當時我是愛荷華州立大學生物化學系的研究生，麗娜也即將成為生化系的一員。伯文特地從芝加哥過來，幫助她在新的環境裡安定下來。我被他個人特殊的成長背景所吸引，他在台灣出生，在北京接受日本教育，他的父親曾是台大哲學系系主任，是赫赫有名的洪耀勳教授。

　　與伯文的友誼自此展開，我們甚至在 1974 年與 1976 年還合作發表過論文（如附註1與2）。現在回想起來，這仍然是相當有遠見的題目。對於伯文的理想與抱負，個人一直很佩服，現在有幸閱讀他的傳記，更是深受感動。他是一個才華洋溢的人，不僅在學術表現上、管理技巧與人際關係上如此，在打網球、保齡球與橋牌等方面亦如是。

　　他的一生秉持「贏家心態」，自我期許要當個贏家。雖然，這個理念在整本傳記中，甚至在結語裡，都未明確闡述，但個人相信

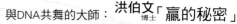

這可能是他成功的重要因素。這本書是獨特而幽默的，閱讀起來相當精彩，讓人欲罷不能。藉此傳記，他提供一些個人的人生經驗和智慧，特別是對年輕一代的讀者，將更加受益良多。唯一感到遺憾的是，書中罕見失敗的小故事，可能是因為他鮮少遇到挫折，但一位成功者著名的失敗故事，卻往往可以為讀者帶來極大的啟發。

註1：Krantz, M. J., Lee, Y. C., and Hung, P.P.（1974）Carbohydrate groups in the major glycoprotein of Rous sarcoma virus, Nature（London）, 248, 684-86.

註2：Krantz, M. J., Lee, Y. C., and Hung, P.P.（1976）Characterization and comparison of the major glycoprotein from three strains of Rous sarcoma virus, Arch. Biophys., 174, 66-73.

李遠川 中研院院士

目次

⤊ 金婚年子爵和子爵夫人——洪伯文夫婦。

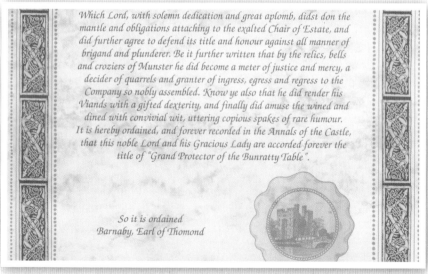

Which Lord, with solemn dedication and great aplomb, didst don the mantle and obligations attaching to the exalted Chair of Estate, and did further agree to defend its title and honour against all manner of brigand and plunderer. Be it further written that by the relics, bells and croziers of Munster he did become a meter of justice and mercy, a decider of quarrels and granter of ingress, egress and regress to the Company so nobly assembled. Know ye also that he did render his Viands with a gifted dexterity, and finally did amuse the wined and dined with convivial wit, uttering copious spakes of rare humour. It is hereby ordained, and forever recorded in the Annals of the Castle, that this noble Lord and his Gracious Lady are accorded forever the title of "Grand Protector of the Bunratty Table".

So it is ordained
Barnaby, Earl of Thomond

⤊ 金婚年洪伯文夫婦到愛爾蘭，當上了子爵和子爵夫人，獲頒證書。

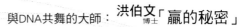

⬆ 洪伯文在北美教授會創始大會上專題演講。

台北市立
成功高級中學 感謝狀

洪伯文博士本校傑出校友

普渡大學哲學博士，美國密

里根大學榮譽科學博士，享

譽國際生物科技家，榮獲台

美基金會第十二屆人才成就

獎——科技工程獎，並將所得

獎金捐獻本校設立獎學金，

嘉惠學弟，精神可佩，特贈

此狀用申謝忱。

校長 鄭朱敏

中華民國九十年十一月十七日

▲ 2001年洪伯文獲台北市立成功中學頒發感謝狀。

▲ 2001年洪伯文榮獲台美基金會第十二屆人才成就獎（左二為洪伯文）。

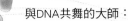

Abbott Labs Finds New Way to Make Blood-Clot Medicine

Scientists Produced Urokinase Through Use of Genetic Engineering of Bacteria

By a WALL STREET JOURNAL *Staff Reporter*

NORTH CHICAGO, Ill.—Abbott Laboratories said its scientists used genetic engineering of bacteria to make urokinase, a medicine used to dissolve blood clots.

The health-care products maker said the genetically engineered urokinase dissolves blood clots just as it does when made by other methods.

Abbott said the genetic-engineering process for urokinase could be much more efficient than Abbott's tissue-culture method or the urine-extraction technique used by other producers. But substantial research and development would be required to make the process commercial, Abbott said.

Abbott has marketed Abbokinase, a form of urokinase made from kidney cells grown in a tissue culture, in the U.S. since 1978. It said it has filed a patent application on the engineering of the bacteria to make urokinase.

Many scientists are researching genetic engineering techniques to make a variety of drugs or potential drugs, including insulin and interferon.

The Abbott scientific team, headed by Dr. Paul Hung, genetically engineered urokinase by first isolating ribonucleic acid, or RNA, from human kidney cells that make urokinase. They purified the portion of RNA that directs the cells to make urokinase.

By a process called reverse transcription, the urokinase RNA was used to make the gene for urokinase. Then the gene was spliced into a special laboratory strain of bacteria called escherichia coli. The urokinase gene-carrying bacteria then produced urokinase.

The Wall Street Journal
April 8 1980

ポール・ホン教授

平成元年九月二日（土曜日）毎日新聞

B型肝炎に効く錠剤ワクチン

米で「臨床」申請

かぜの病原体として知られるアデノウイルスのうち、無害タイプのものを使い、遺伝子組み替え操作でB型肝炎ウイルスに有効な錠剤ワクチンを開発することに、米国ノースウエスタン大のポール・ホン教授が成功し、京都市左京区の国立京都国際会館で一日開かれた「第五回国際微生物生態学シンポジウム」で発表した。既に動物実験も済ませ、臨床試験を申請中。理論的にはエイズなど他のウイルスにも応用が可能という。

ホン教授は「新ワクチンは、一つの感染液から百万人分の錠剤を作ることも可能で、一錠のワクチンの血液からつくる。現在のB型肝炎ワクチンは三回接種方式だが、これは生ワクチンのように母や大腸菌に作らせたりし抗原を精製、接種するものが主流だが、高価。

ホン教授の「新ワクチン」は、体内で継続的に作られる。現在、実用化されているB型肝炎ワクチンなどは、ウイルス保持者の血液から初めたり保母や大腸菌に作らせたりし抗原を精製、接種するものが主流だが、高価。

一錠の感染液から百万人分の錠剤を作ることも可能で、一錠のワクチンは生ワクチンのような、経口投与なので注射によるショックも心配ない」とメリットを説明している。

● 1989年洪伯文受邀赴日本演講，接受日本《每日新聞》採訪，於9月2日刊登報導。

● 1980年4月8日《華爾街日報》刊登洪伯文發明的尿激酶之遺傳工程。

13

14

⬆ 洪伯文夫婦在埃及旅遊。

⬆ 1985年的洪伯文。

➥ 1955年留美時期的洪伯文。

⤊ 洪伯文在埃及。

⬆ 去北京時全家福合照。

⬆ 1955年出國時全家福合照。

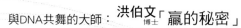

全家於日本上野公園賞櫻花。

⬆ 1958年在美留學的洪伯文。

⬇ 洪伯文和愛車。

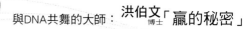

⬆ 洪伯文父子和妻子合照。

🔁 1998年洪伯文夫婦在台北
凱悅飯店。

↪ 洪伯文夫婦。

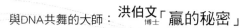

⬆ 洪伯文夫婦油畫像。

洪伯文夫婦。

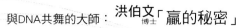

⬆ 在以色列國界手持烏茲槍。

⬆ Amgen的創始人、洪伯文的得意學生Dr. George Rathmann。

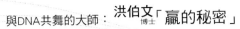

洪伯文博士繫上學校贈送的領帶做專題演講。

⬆ 洪伯文專題演講的神情。

⬆ 得意學生Dr. George Rathmann開新買的飛機來亮相。

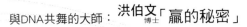

◉ 洪伯文榮獲科學榮
　譽博士時和母親合
　照。

☝ 洪伯文夫婦在夏威夷旅遊。

☝ 洪伯文全家福合照，左一是Pauline，右二是Clark，右一是 Eileen。

🔊 2002年與謝長廷合照。

Dr. Paul P. Hung, Assistant Vice President-Research, Biotechnology and Microbiology Division, and Kimberly A. Bishop, Staff Biologist, discussing the fine structure of a gene from DNA sequencing.

⊕ 洪伯文在做DNA序列的確定。

⤴ 洪伯文研究發明的產品專利之一。

⤴ 別人發現的，洪伯文早就找到了——1993年美國科學雜誌上的漫畫插圖。

1. 我不是洪麗娜！

——洪伯文出生取名時的有趣小插曲

在洪伯文還沒出生前，他的媽媽吳綉進已經生了兩個男孩，所以父親洪耀勳一直盼望第三胎是個女生，因此，洪伯文還在媽媽肚子裡的時候，他的爸爸、媽媽早已經把他的名字取好了，那就是——洪麗娜。他們期待這個未出生的女嬰，對這個既時髦又充滿女性美的名字滿意極了！

沒想到出生時卻是個男嬰。此時，爸爸的好朋友駱水源十分高興，因為他此時尚未有任何孩子，想到好友既然已連生三子了，也不差一個，於是就把洪

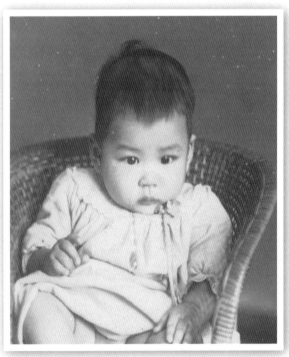

⬆ 1934年洪伯文週歲時。

伯文給抱回家去了。但是洪伯文的媽媽當然很捨不得，十分著急，於是又把洪伯文給抱回家中，駱水源覺得這孩子實在很可愛，自己當時又沒孩子，所以又把洪伯文給抱回駱家，洪伯文就這樣被抱過來抱過去，差一點就被改成駱伯文了。

事情過了六十多年，洪伯文在一次宴會上巧遇當時擔任台灣工業銀行董事長的駱錦明，洪伯文對他說：

「錦明，我差一點就變成你的哥哥呢！」

駱錦明大吃一驚說：

「怎麼可能？我得回去好好問問我的媽媽，到底是怎麼回事？」

水源叔叔以後常常到洪伯文家裡來玩，是來和洪伯文的爸爸打乒乓球，在洪伯文記憶中，他的身材瘦高，長相仁慈，只是下巴大了一點。

洪伯文出生在辜顯榮的家，辜顯榮和洪伯文的外祖父——吳朝宗，是好朋友，洪伯文的爸爸從日本東京帝國大學畢業後，在台北帝國大學哲學系任教，所以家在現在的迪化街，小時候洪伯文的家就和現在的鹿港民俗文物館一模一樣，隔壁住的好像是辜濂松，樓下住著一個漂亮的小女孩，記得當時那個小女生常常來家中找洪伯文的

媽媽，向她吐露心聲或訴說委屈，這個小女生就是現在台塑集團董事長王永慶先生的夫人——李寶珠。

回想起七十年前洪伯文出生的地方，隔壁和樓下都是現今台灣社會上鼎鼎大名的人物，迪化街還真不愧為台灣早期人文薈萃、地靈人傑的好地方呀！

洪伯文的祖父洪清江，在日治時期的一所「國語學校」畢業後，回到老家草屯公學校教書，「國語學校」是當時日本人專為臺灣人設置的學校。

後來祖父當了草屯庄日本人庄長的助役（行政副庄長），對故鄉貢獻不少，他身材魁梧，高鼻色白，很像外國人。據說祖先是從絲綢之路敦煌輾轉來到台灣，家中祠堂上有敦煌堂的字眼，所以說，洪伯文的祖先有西域血統。

祖父洪清江擔任庄長助役時期，幫助日本人庄長多年，深受賞識。直到日本人庄長要被調回日本時，這位日本人庄長對祖父說：「我有良田數十甲，但是我即將返回日本，用不到了。那麼，這些田地就送給你吧！」祖父得了日本庄長贈的田地後，從此家境小康，祖父重視教育，把

長子洪耀勳送往日本唸小學，後來父親也很爭氣
的考上當時第一志願，東京帝國大學哲學系，畢
業後回台灣帝國大學任教，服務家鄉。

⊙ 洪伯文的祖父──洪清江先生。

2. 牽著女生的手逃命

——在北京的日本小學

　　就在洪伯文要讀小學一年級的時候，爸爸洪耀勳即將前往北京大學教書，因此全家就跟著搬到北京居住了，當時洪伯文被安置在北京的日本西城國民學校就讀，學校內的學生除了洪伯文是來自台灣的孩子以外，其他全部都是日本小孩，因為這個緣故所以會經常被日本孩子們欺負，甚至毆打，但是生性堅強的洪伯文沒有因此屈服於這些日本孩子，而是毫不客氣的還擊。後來由於洪伯文的聰明伶俐及好人緣，漸漸的贏得這些日本同學的喜愛與敬重，最後還當上了班長！也因為小時候受到這種希臘斯巴達式的嚴格教育，以及在面對周圍完全不利自己的情況下，依然反敗為贏，造就了洪伯文往後絕不向惡勢力及壞環境低頭的不屈不饒堅強性格。

　　那時，洪伯文還有一個小跟班，日本人——早川正彥，因為洪伯文的功課好又聰明，早川正彥是低他一屆的學弟，對洪伯文是言聽計從。那時北京的房子有許多家的牆壁連在一起，調皮的洪伯文帶著小跟班爬上去後，沿著一家一家的牆

壁走，有時他們還會走到人家的屋頂上面去，走
著走著，洪伯文發現底下有人揮舞著掃把拚命叫
罵，想把他們打下來，因為這些住戶深怕自己房
子屋頂上的瓦片，被這兩個頑皮的孩子踩壞或破
掉，那麼下雨時屋內就會漏水，所以當他們發現
有兩個不知哪來的野孩子，竟然在自己的房子的
屋頂上走，當然是非常生氣，不過，身手矯健的
洪伯文和他的小跟班在被發現後，立刻逃之夭夭
了！

優等賞狀

尋常 第一學年

洪伯文

北京日本西城尋常小學校長　星平三郎

右者學業優等操行善良二付茲二賞狀ヲ授與ス

昭和十六年三月廿二日

初等科 第二學年

洪伯文

昭和十七年 一月十九日

右者第三學期中正級長ヲ命ズ

北京西城日本國民學校

🔼 洪伯文就讀北京西城日本國民
學校時，學業成績優等獎狀。

◀ 洪伯文就讀北京西城日本國民
學校時擔任班長證書。

當時的學校位於「光明殿」，這是清朝皇帝接受外國使節國書的地方，因為使節們不肯向清朝皇帝磕頭，因此就沒有使用。後來二十九軍的宋哲元在此建立軍舍，日本佔領以後把它變成日本小學。洪伯文還記得小學老師的名字叫高橋貞夫，雖然洪伯文不是日本人，這位老師十分疼愛他，仍然要他擔任班長這在當時是十分難得的事情。

有一次學校舉辦一個到中南海的遠足，發生一件緊急事件，就是學生當中有一位女生突然被成群的馬蜂（虎頭蜂）攻擊，一直尖叫，就在此時，小小年紀的洪伯文在完全沒有多想的情況下，奮不顧身的衝過去幫助那位女生要擊退馬蜂，高橋老師也過來幫忙，脫下襯衫，大力揮趕這些可怕的馬蜂。

後來，四十多年後高橋老師談起這段往事時，說到當時為了救這位女生，洪伯文還和女同學手牽手的逃難，害羞的洪伯文立刻堅決否認說：

「這是不可能的事情，因為當時男女分班後，男生和女生很怕彼此交談，原因是怕同學說誰喜歡誰，所以連講話都不敢，怎麼可能還手牽

⬆ 洪伯文與小學恩師高橋貞夫。

手逃跑離開呢？絕不可能！」

　　也許是當時情況危急，洪伯文為了救女同學根本忘了怎麼回事，卻被當時在場的高橋老師牢牢記住，還在多年後被當做趣事來調侃。

　　和高橋老師緣分還真奇妙！在四十多年後的某次機會下，師生兩人又再度見面了。

　　四十多年後在美商惠氏藥廠擔任研發部副總

裁的洪伯文在接受合作藥廠——武田製藥的一位高級職員訪問時，發現此位日本高級職員和洪伯文的小學老師高橋先生是來自同一個故鄉——歧阜縣，於是洪伯文試探性的詢問，不知道可否查到四十多年前的恩師高橋先生的聯絡住址？沒想到命運真奇妙，日本的戶籍資料和教育委員會建立得十分完善，經過一番安排，終於讓這兩位經過戰亂和來自不同國家的師生兩人，能夠在四十年後再度相聚！洪伯文那時將自己身上戴了多年的勞力士手錶取下來，委託武田職員送給高橋老師。聽說老師收到這個禮物十分高興，直說要將它好好收藏，把它當成傳家之寶呢。

為了尋找四十年前的恩師，洪伯文特地遠從美國來到日本歧阜車站，沒想到日本當地媒體為了報導這則溫馨感人的新聞，還派了樂隊、電視台及報社記者們列隊歡迎，小喇叭聲音吹得震天價響，此起彼落的鎂光燈讓剛下車站的洪伯文嚇了一大跳！

接著來到車站的貴賓室接受訪問時，洪伯文說起小時候老師嚴格的教導，回憶到當時下雪的北京實在好冷，但是仍不准學生們把手插在褲子的口袋保暖，若有學生這麼做會被老師處罰的。

◎ 1985年日本媒體的報導，由
左至右是恩師高橋貞夫、同學
吉田明、洪伯文。

但高橋老師連忙否認說：

「不會，不會，我不會因此處罰你們的，我很和氣對你們，不會這樣而懲罰同學的。」

還好，此時身邊還有一位當時小學的同班同學吉田明立刻插上去更正高橋老師的說法：

「不對！當時老師好兇喔！我們把手插在口袋立刻會被處罰的。」

這時候高橋老師糗大了，已經滿臉通紅。

就在洪伯文小學五年級，1945 年日本戰敗，退出中國，中止了他的日本教育，無法繼續唸六年級的課程，洪伯文的父親心想，那麼乾脆讓洪伯文直接跳級讀北京的初中，這樣在程序上比較不麻煩，於是對他說：

「伯文，你不是很聰明嗎？那就從初中一年級讀起吧！」

但當時的洪伯文對中文的聽、說、讀、寫，都一竅不通，彷彿掉入一個深淵，因為當時台灣是日治時代，所以洪伯文學的是日語，讀的是日本小學，在家裡則用台語交談，而且當時北京的同學們讀的是《古文觀止》之類的中國文言文，此時的洪伯文有如啞巴吃黃蓮，有苦說不出，遇到了生平第一個挑戰與危機，就是從完全不懂中

● 1945年北京初中一年級的洪伯文。

文到考到全班第一名的過程。

　　不過，班上有一位藍眼睛個子高高的同學，洪伯文好奇地和此人一聊，發現原來班上竟然還有一位和他一樣，聽不懂中文，不會說中文，也不會寫中文的人，這位同學是來自新疆是維吾爾族，他騎了幾千公里的馬來到北京讀書，同病相憐的兩人相視流淚後，哈哈大笑起來！

　　幸好當時的洪伯文憑著超強的記憶力，有著像照相機底片（photographic memory）般過目不忘的本事，可以記下任何懂與不懂的文章，由於他的努力，等到學期末發成績單時，老師大吃一驚，對他說：

　　「這怎麼可能？成績全部都是甲？你是不是偷抄的？」

　　洪伯文答道：

　　「對！是抄的，抄我的腦袋裡的。」

　　讓當時的老師和同學大感吃驚，也十分佩服這位完全不懂中文的孩子有著過人的記憶。

　　一年後，1946年洪伯文的父親回到台灣，擔任台灣大學的哲學系主任，此時舉家跟隨父親搬回台灣，洪伯文也轉到省立成功中學就讀，那時台灣剛從日本光復，班上同學不了解中文，當時班上的國文老師經常偷懶溜出去，又發現洪伯文的中文這麼好，又能字正腔圓地發音，就經常請他代替自己在講台上講課，沒想到洪伯文從一個完全不懂中文的孩子在短短一年間，竟變成可以幫老師上課的中文小老師了，這真是奇妙的經驗哩！讓洪伯文深深感覺自己是否被命運之神捉弄呢？

3. 不堪回首話當年

——顯靈宮門前的太監們

　　洪伯文小時候在北京的家，附近有著一座大廟，還記得那座廟的名字叫「顯靈宮」。每當洪伯文經過這廟時，總會看見三三兩兩的清朝太監們蹲坐在門口，尤其是在寒冷的冬天有太陽的時候，太監們就會出來曬太陽，這些太監穿著破舊老式的藍色長袍馬褂，兩隻手交互放入寬大的袖口內，瞇著眼睛似乎在享受著寒冽冷冬中難得露面的太陽，這些太監們臉很白沒有鬍子，一個個縮著脖子蹲在廟的門口，遠遠望去，像是一個個用麵粉捏成的白色饅頭。

　　這些太監是在 1926 年被軍閥馮玉祥給趕出紫禁城的，當時馮玉祥以迅雷不及掩耳的手段，派人率領衛隊把清宮封閉，命令清宮嬪妃、太監遷出紫禁城，倉忙之中，有些太監來不及收拾物品，空身走了出宮，這些被趕出來的太監們，遣散費每人不滿十元，這些太監已是殘廢之人，從小已經習慣宮中的日子，如今突然被趕出來，沒有可去之處，無法安身立命，從今以後叫他們去做什麼呢？聽說這些數百多個太監，當時站在宮

門前掩面痛哭，形狀很是悽慘。於是，有些太監就只好在紫禁城附近四處閒晃，寺廟是他們最好的去處，在那裡過日子打發時間過餘生，這是中國過去皇朝制度下一個悲慘的人物縮影，洪伯文小時候見證了新舊時代的交替變遷，這些畫面一直留在他的腦海中。

此外，還有一件事也是令洪伯文感到印象深刻。有一天半夜，洪伯文感覺到有人在他家屋頂說話，當時他們在北京住的房子屋頂是平的，他起床一看，發現是小偷們偷了人家的東西後，正在「分贓」，洪伯文嚇一跳，趕緊把爸媽叫醒，全家就用敲鍋子的方式把屋頂上的賊趕走，真是盜匪猖獗的時代。

那個時候中國處在一個長期戰爭之下，人民的生活很困苦，治安也很亂，有一天清晨，當洪伯文正要到日本小學上課時，竟然看到路邊一個人被刺死躺在血泊當中，那是一個拉人力車（黃包車）的車夫，頸部後面的致命傷口似乎是被尖刀刺的，在他屍體旁邊的這輛人力車，少了兩個車胎，很明顯的，是昨天有人要搶或偷車胎被這個車夫發現了，平日靠辛苦勞力賺錢的車夫當然死命的想維護自己賴以謀生的工具，結果就賠上

了一條性命。在那個時候，北京很多乞丐和凍死在街頭的人，普遍的中國人是在一個很窮困艱苦的環境下討生活，這給小小年紀的洪伯文很大的震撼，讓他覺得一個國家的強盛是很重要的，國家強盛，人民才會有好日子過，而科學進步是使國家強盛的一個重要因素，所以，洪伯文從小立志要成為一個科學家。

4. 差點被成功中學開除

　　洪伯文從北京回台灣後，插班考上成功初中二年級，當時的洪伯文正值年輕好動的年齡，也因為聰明加上頑皮，傳統呆板的制式教育讓他感到無趣，所以他的腦海裡經常突發奇想，讓他做出一些在當時令大人們驚訝又惱怒的舉動，其中發生的兩件事情，差一點就被當時的訓導主任——李季，開除兩次，幾乎面臨被退學的窘況。

　　第一件事情是這樣子的，當時頑皮的洪伯文座位被排到教室最前排的中間，旁邊坐的是他的好朋友——林重遠，現在是美國芝加哥大學醫學院的教授。教他們代數的老師是一位年輕高挑的上海姑娘，有一天上課時，這位美麗又優雅的數學老師，因為天氣寒冷穿了一件嶄新純白的絨布大衣來教室上課，豈料這個時候，頑皮的洪伯文趁老師轉身寫黑板時，竟突發奇想的拿起座位旁邊林重遠同學的紅墨水鋼筆，朝著女老師的屁股甩出一堆鮮紅的墨汁，這個舉動嚇壞當時的全班同學，也沒有任何人敢告訴老師她的屁股怎麼回事，等到下課後，同學們立刻用拖把把地板的

紅墨水擦乾淨，幫忙掩飾罪行。直到後來被訓導主任發現，把洪伯文找去談話，想把他開除，也因為這件事情，從此讓訓導主任對洪伯文非常的兇，認為他是個問題學生。

第二件事情更荒唐，初中三年級時，教室搬到二樓，洪伯文的座位被排到最靠近走廊的窗邊，當時是炎熱的夏天，為了通風將窗戶往下拉，窗戶是不透明的玻璃，百般無聊的洪伯文覺得上課很無趣，就在操場上撿了一堆小石頭，等著走廊有人經過時，準備用小石頭丟那個經過窗邊的倒楣鬼。

就在某一天上課時，洪伯文聽到走廊有腳步聲，眼看著終於有獵物上門實在機不可失呀！洪伯文心想等待多時的好戲就要上演了，立刻把準備好的石頭往那人身上丟去。乖乖不得了，只見訓導主任氣急敗壞的衝進教室，大聲問：

「是誰幹的？」

原來被石頭打到的人正是訓導主任——李季。洪伯文一下子又被抓去訓導處，上次的紅墨水事件還沒結束，這次又把石頭扔到主任頭上，在訓導主任看來，這個學生的行為實在太惡劣了，堅持要洪伯文把爸爸找來學校，準備叫他退

學。

　　洪伯文知道這次闖了大禍，沒辦法只好請爸爸來學校。但沒想到訓導主任見到父親後，發現洪伯文的父親是自己在北京大學讀書時的老師，對老師的態度當然是非常的恭敬，這件事情也就看在父親的面子上，逃過一劫。

　　經過這兩次事件後，洪伯文覺得自己再這樣貪玩也不是辦法，所以就定下心來好好讀書，初三畢業時報考當時第一志願成功高中，放榜時洪伯文發現自己的名字是在最右邊、最上面的一個，是榜首，也就第一名考進了成功高中。

　　高一的洪伯文在學期末也保持優異的成績，

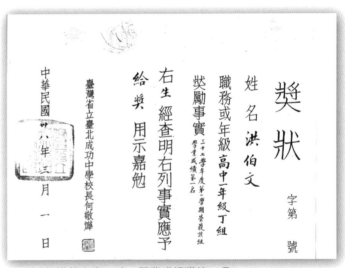

⬆ 1949年洪伯文高一時，學業成績獲第一名。

拿到全年級第一名的獎狀。那時成功高中的校長是潘振球，潘振球是蔣經國手下的大將，蔣經國的兒子蔣孝文是低洪伯文兩屆的學弟，洪伯文對這位當時家世顯赫的公子哥印象是這樣子的：

當時蔣孝文住在永康街，離洪伯文位在青田街的家大約只有一百米，蔣孝文的父親蔣經國看管蔣孝文很嚴，不隨便讓蔣孝文外出，他的住家四周圍牆上，還有密密麻麻的鐵絲網保護，但是貪玩的蔣孝文還是經常翻牆出去，可憐的隨扈也只好跟著愛玩的主人，冒著受傷的危險翻牆出去。蔣孝文很少參加學校的升旗典禮，校長對這位權貴子弟也是毫無辦法。

就在離高中畢業典禮只剩兩個星期的日子，原本大家都以為能理所當然的拿到畢業證書，但就在這個節骨眼，班上又發生一件事情，使得一個同學無法順利畢業。這件事的當事人，雖然不是洪伯文本人，但卻是因他而引起的，讓他覺得良心不安耿耿於懷，似乎連累到這位同學，害他無法順利畢業。

眼看著就快畢業了，更使這群血氣方剛的年輕人顯得坐立難安，就在某一堂枯燥乏味的國文課，坐在教室靠近講台的洪伯文，此時，百般無

➔ 1950年成功中
學時期的洪伯
文。

聊的拿起橡皮筋射向旁邊的張武林同學，張武林
也不甘示弱立刻把橡皮筋反射回去，就這樣你來
我往，兩個人當下玩的不亦樂乎，也許是玩過頭
了，沒想到張武林竟轉移目標，朝正在講台轉身
寫板書的國文老師白文卿頭上射去，當老師白文
卿怒氣滿臉的轉過身來，兇手不用說就被指認出
來了，因為此時全班的目光都集中在張武林同學
身上。

　　緊接著張武林同學就被國文老師逮到校長室，堅持要把張武林開除，張武林的父親是為國捐軀的筧橋空軍烈士之一，但是，不管張武林的母親如何苦苦懇求，盛怒的國文老師依然堅持自己的原則絕不原諒，倒楣的張武林就因此被學校開除，無法領到成功中學的畢業證書。

　　但是張武林卻憑著自己的實力以同等學力考上台大電機系的榜首，原來拿不拿到畢業證書對張武林一點影響都沒有，還好有這樣好的結果，這才讓洪伯文心中的大石頭放下。張武林同學也是個怪人，他的數理超級強，但一般生活卻和常人格格不入，他類似電影「雨人」（Rain Man）中那位有「里斯柏格症」（類似自閉症）的主角，後來他在美國從事特殊機密工作，目前飛機的起降裝置，是他最早設計出來的，這是洪伯文回憶起在成功中學比較特殊的一些人物。

　　高三時，洪伯文準備參加大學聯考，當時最難考的是台大醫科，洪伯文就想：「那麼，我來試試看吧！」一考就上了當時第一志願台大預醫科。在台大醫科唸到第三年時，深深的被基礎科學所吸引，如：生物、化學、遺傳……等等，但經歷了第二次世界大戰和中國內戰之後，想要

獲得一些酶是非常困難的一件事，洪伯文的生化教授告訴他：「先買一個鋤頭，再掘地，種些番薯，然後再提煉酶出來。」當時在台灣幾乎不可能做好研究工作。在這沒有希望與好奇心的驅使下，洪伯文決定要依自己的興趣去做有趣的研究工作，因而放棄成為當時大家所羨慕能賺錢的醫師，洪伯文心想：「也許美國是我實現美夢的好地方！」就在此時，洪伯文得到永豐財團何永先生的資助及美國密里根大學（Millikin University）的全額獎學金，於是就毅然提著行囊，抱著破釜沉舟的決心，前往美國密里根大學就讀。

◎ 1954年台大醫學院時的洪伯文。

05

神槍手

5. 神槍手

當時要前往美國留學的男
生，必須先到高雄的鳳山接受
類似短期兵役的軍事訓練。鳳
山這個專門為要去美國留學所
設置的留學生隊，是個為當時
一些權貴子弟所設置的單位，
記得同梯的有陳誠的兒子陳履
安，孫元良的兒子孫良成，還
有其他將領的孩子們，他們都
是正要準備到國外留學的準留

↑ 1954年留學生隊的洪伯文。

學生們。此外，還有已經五十多歲的孫立人將軍
部隊的上校——王德碩，因為他的軍階證明遺失
需要補發，只好來此接受短期留學生隊訓練。

鳳山留學生隊的訓練是非常嚴格的，規定
每天清晨五點起床，起床後還得做許多事情，例
如：大家必須將睡覺的毯子摺疊得四四方方，像
豆腐乾似的才算及格。

那時還有一件令洪伯文感到得意的事情，
就是他當了全中隊的神槍手。那時在一次戶外

打靶訓練中，洪伯文創造了在當時幾乎從來沒有人有過的佳績，那時他們使用的槍是美國製的第一次世界大戰使用的春田長步槍，靶心設在 200 米處，從射擊的地點看過去，像電燈泡一樣微小的靶心，根本看不清楚，但是洪伯文非常有自信的拿起步槍瞄準紅心──「蹦！」的一聲發射出去，此時，遠方的記分人員立刻搖起旗子，表示命中紅心得了 7 分，洪伯文心想：「這麼好！這是很難的事情。」緊接著第二槍洪伯文如法炮製，又射中紅心，洪伯文心裡又想：「哇！這麼好！又得了 7 分。」第三槍以些微的差距命中紅心，得了 6 分。洪伯文這次的打靶成績共得 20 分，這樣的成績實在是非常少見。

回營後，中隊長召集大家很高興的說，像洪伯文這樣的打靶成績是他從沒見過的，因此，要給他放一天的特別假，當時洪伯文沒有

⬆ 留學生軍訓第一隊。

05
神槍手

女朋友，放假也不知道要做什麼才好，想了想，最後跑到高雄夜市吃了一大堆東西，撐得飽飽的回來。

五十多年後，也就是大約在去年（2006年），在洪博士回台灣逛士林夜市時，看到路邊有用空氣槍射氣球換玩具的攤子，禁不住筆者的再三請求，洪博士終於願意小試身手，洪博士連中十發，次次命中，彈無虛發，雖然如今已離鳳山時期五十多年，但還真是寶刀未老哩！真令我大開眼界！但洪博士堅持不玩下去，也許怕老闆賠錢吧！這時老闆似乎鬆了一口氣，心想：「好險！不然今天的生意就虧大了！」

洪伯文隊裡的班長是一位少尉軍官，不過這位班長似乎未見世面，他看到隊裡的留學生們在用打字機叮叮咚咚的打字，這位班長竟問道：「咦？這玩意是不是鋼琴呢？」乖乖，大家都大吃一驚，傻眼了。

還有一件有趣的事情，就是比快！每天早上五點起床後，看誰以最快速度，整理好床並摺好毯子，穿戴整齊到達指定位置。洪伯文的動作算是相當快的，但全中隊裡還有一個人比他更快，那個人就是——邱宏義，他後來是在美國太空總

總統號（President Cleveland）。

署（NASA）從事「量子力學」（neutrino）的研究，對現代物理學很有貢獻。這個傢伙是第一個到達指定位置，但是，他是一邊跑步一邊穿褲子，到位置時衣服鈕子也沒扣好，褲子也穿反了，這算是投機取巧吧！

　　在鳳山留學生隊待了四個月後，洪伯文就搭乘當時豪華的「總統號」（President Cleveland）船前往美國，展開他的美國留學生涯。當時的交通不像現在這麼發達，從台灣到美國必須坐 21 天的船，十分辛苦又遙遠，船從香港出發，途中經過日本神戶、橫濱、夏威夷、舊金山……到了美國後還必須再坐兩天的火車到芝加哥，再轉車到伊利諾州的密里根大學就讀，因

為之前洪伯文在台大醫學院念了三年，所以在密
里根大學是從四年級開始讀起。

👉 1955年留美時期
的洪伯文。

6. 為什麼博士教授讓洪伯文趕快畢業

　　在伊利諾州密里根大學，洪伯文從大學四年級開始插班上課，雖然洪伯文在台灣所修的科學課程都被認可，但還是必須修基礎教育學分才可畢業，例如：政治學、社會學、哲學、宗教哲學、世界歷史和文化學、演講學、音樂欣賞學和世界文學史……等等，這對一個外國留學生而言是相當吃力的，很多留學生在大一英文這科無法通過，要重修大一英文，常常拿到「F」的成績，特別是在文學方面，例如：希臘的荷馬的喜劇和悲劇、莎士比亞的哈姆雷特……等等。洪伯文還記得那時教授的期末報告是要寫有關莎士比亞的文學評論，但由於當時洪伯文無法體會莎士比亞文學上的意義而無法作文學評論，靈機一動，洪伯文從日本親戚寄來的莎士比亞日文學者的評論，翻譯了這本書來作為他的期末報告，而洪伯文的那位研究莎士比亞教授，他從未讀過以東方人的角度來評論莎士比亞的著作，在看完了洪伯文的報告後感到非常驚訝，於是這門課給了

他一個「Ａ」。四十年後，當洪伯文獲得榮譽科學博士返回母校演講時，誠實的陳述這段剽竊的往事時，那位教授已經不在人世了。洪伯文笑著說：

「還好並沒有因此而被撤銷學士學位哩！」

密里根大學在美國中西部是一所很有名氣的學校，也是一所基督教會創始的學校，台灣的東海大學也是一所基督教會創始的學校，四十幾年

⤒ 締結姊妹校。左為東海大學王校長；右為密里根大學校長。

後洪伯文突然靈機一動，想到何不將密里根大學的校長介紹給東海大學的王校長呢？於是洪伯文帶了美國校長和隨扈，去台中商談結為姊妹校一事，剛好永豐財團以前曾贈送土地給東海大學，而且洪伯文和永豐財團有良好關係。透過洪伯文安排，兩位校長因為有良好共識，所以事情進展得很順利，立刻得到結論，雙方締結成為姊妹學

⊙ Axelrod博士和夫人。

06

為什麼博士教授讓洪伯文趕快畢業

校，一時傳為佳話。十多年來兩校持續交換學生和教授，互動密切，為彼此加分不少，成為此校的一個重要特色。很多附近其他學校的學生，非常羨慕這兩所學校的學生有如此機會可以到異國去進修增廣見聞，洪伯文見到因自己的引見，而成就台灣與美國兩所大學成為姊妹校，造福不少學子，讓他感到非常欣慰。

　　1955 年的耶誕節很多學生都回家去了，洪伯文打了一通電話到女生宿舍去，接電話的是一位從未見過面名叫「南西」（Nancy）白皮膚的美國女生，就大膽的約她去看電影，沒想到這場電影為洪伯文至今五十多年的婚姻生活揭開了序幕。

　　洪伯文回想到當時的情形，笑說當時他是來自東方身無分文的窮留學生，前途茫然，但是，這位南西小姐居然一下子就把他抓到了，真是獨具慧眼呀！

　　洪伯文申請第一個研究所是聖路易大學，當時面試的教授是 1938 年諾貝爾獎得主愛德華・德意至（Edward Doisy），這位諾貝爾得主在看完洪伯文的成績單後，露出驚訝的表情說：

　　「你在台灣的生化成績是 99 分?我才拿到

98 分耶！」

這件事，等到洪伯文回到台灣時，問當時給他 99 分的董大成教授，他答道：

「我一輩子沒給過 100 分，最高只給過 99 分！」

後來洪伯文選擇距離密里根大學較近的普渡大學生化研究所，普渡大學在理工農方面是強項，洪伯文在普渡大學也拿到研究助教的獎學金，當時他的指導教授巴納・艾克薩落德（Bernard Axelrod）博士是位有名的難纏猶太籍教授，許多同學沒有經過四年以上的煎熬是很難通過 Ph.D.，可是洪伯文竟在短短兩年內拿到了，那時的洪伯文不敢問教授為什麼讓他在這麼短的時間內畢業？因為洪伯文怕教授要他再唸兩年好了。三十四年後，當洪伯文成為普渡大學傑出校友（加州大學校長與第一位登陸月球的阿姆斯壯先生也是得到普渡大學傑出校友獎），回校領獎時，洪伯文才敢問那位教授，他說：

「像你這樣的學生，讓你早點離開學校為社會服務，才能早點造福人群，對科學有所貢獻，那是比待在這裡更有意義的事。」

1958年在美留學的洪伯文。

7. 洪伯文的蛋白激酶發現讓四位得諾貝爾獎

當洪伯文從普渡大學畢業後，1960年時，他開始設定自己的未來努力方向，並以充滿天真和熱誠的態度規劃出人生目標：

（1）健康：必須保持健康的身體，才能服務人群，享受人生。

（2）科學和名譽：努力研究，發表別人沒做過的文章，作一個發明先驅，造福人群。

（3）地位：將來我要做個領導人。

（4）財富：有了財富才能享受豐富的退休生活。

洪伯文認為健康是事業的基礎，若沒有健康的身體就無法實現自己的夢想，因此洪伯文經常運動，以保持身體健康。

在科學方面，洪伯文有許多研究計畫，在此略述一、二，第一個研究領域是有關「抗生素」。

1960年洪伯文進了亞培（Abbott

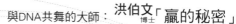

⬆ 亞培研究人員。

Laboratories）藥廠，六個月內發現一種新的紅黴素，在默克藥典裡是第一件被記載，他們將這個新的紅黴素命名為：「洪氏 Mycin」。在商業上，研究生化科學主要是為了營利，但洪伯文說服他的老闆去做一些對人類更有意義的研究，也就是生命的研究。到底生命是什麼？當一個生物體具備了什麼條件時可以被稱為是生命呢？

　　一個生命體具有繁殖力就叫做生命嗎？為

了解開這個問題，洪伯文從最簡單的生命體——病毒，開始研究，他發現一種病毒，稱為「Q Beta」，這是一個 20 面體（icosahedral），像足球一樣，但僅有三個基因是活的，能感染細胞宿主，也能生殖，洪伯文想，若把它分解純化成蛋白質和核酸，它必定會死掉。但是若把它重新組合到原來的 20 面體，它是否能重新復活呢？

大家或許認為這是不可能的，但洪伯文卻認為有可能將「Q Beta」重組，使其復活，終於在六十年代末期驗證了他的想法。而在同一時候，哈佛大學 Jim Watson 博士（諾貝爾獎得主）也正在做相同的研究實驗，並且成功的重組另一個病毒，稱為 F2。台灣大學哲學系曾教授是洪伯文父親的同事，從事生命學研究多年，當洪伯文來台灣拜訪他，談到這段經驗時，曾教授的看法是，重新組合的生命就像一架滑翔機，若是將滑翔機重新組合放在草地上，當然不會飛，但若將它放在高處，滑翔機便能飛起來，這是個 entropy 問題，值得深入探討。

製藥公司是以營利為目的，若僅作純科學的研究，是無法給亞培公司帶來營收，但對公司而言，一件有趣的事情發生了，並影響公司未來的

走向。洪伯文重新組合的病毒，以電子顯微鏡數一數重組了多少病毒，並以具有感染力的生物鑑定，並估計有多少活的重組病毒。忽然間洪伯文的好友林仲梅有個想法：

「我們每天和病毒為伍，因此對這些病毒產生抗體，那麼可否利用抗體做病毒的定量？」

於是，以各種不同的試管來找尋會沾著抗體的方法，如此一來，便可使固體上的抗體可抓得住病毒。若是可以用抗體來夾病毒像三明治一樣，而且第二次抗體是有放射性的話，就發明了放射性免疫定量法（Radioimmunoassay）。此法可以估算出到底有沒有病毒的存在，那麼也就可以用放射性多寡來算出病毒的數量。

亞培公司便使用這種方法去定量 B 型肝炎病毒，因此亞培檢驗部門成立了。此部門自1971 年替公司賺進數十億美元，從這點看出一件事，那就是，科學家若能替公司將研究結果轉換成產品，則純科學的研究也是會賺大錢的。

亞培研發團隊發明了使用三明治（sandwitch）方法偵測 B 型肝炎病毒，這個方法是破天荒的發明，此發明取代以前傳統的不準確方法，改用放射性判定法來偵測 B 型肝炎病毒，為此，亞培還

⊙ 與三明治檢定法發明人林仲梅博士合照。

成立一個專門用來做試劑試驗的子公司，這個子公司為亞培賺了幾十億美金，研究團體可以被稱為這個生物科技試劑領域內的教父。

但是，這種前所未見的好方法，卻引起其他藥廠的覬覦，其他藥廠不願此種新的偵測法，就此被亞培公司所獨占。沒多久，亞培公司接到芝加哥聯邦法庭的通知，表示有一些藥廠控告亞培公司的這項發明。洪伯文的好友林仲梅博士是當時亞培公司的這項發明創始人，洪伯文也被傳喚

到法庭當證人。

開庭那天，法官問道：

「洪博士，你們是在什麼情況下發明這種偵測病毒的方法？」

洪伯文答道：

「很簡單，當時我們在公司的餐廳用午餐時，我隨手拿了桌上的餐巾紙，開始和林仲梅博士討論起如何用固體去黏住抗體，若抗體對此病毒有親和性的話，就可以將病毒黏住，那又如何數出病毒的數量呢？再用抗體黏住病毒（三明治），因為抗體是一種蛋白質，裡面有胺基酸Tyrosine，我們使用具有放射性的碘131放進抗體內的Tyrosine，如此一來，就可以根據碘的放射性強度去算出病毒的數目，知道病毒的數量多寡……」

法官接著問道：

「那麼，洪博士，你有沒有將那張餐巾紙留下來呢？」

洪伯文聽了大吃一驚，答道：

「這怎麼可能？我怎麼會想到要將用餐時的餐巾紙留下來呢？」

法官說：「這個餐巾紙上的圖樣是很重要

的。」

亞培公司因為在發明一年內在科學會議上發表成果，因此根據法律，這個專利訴訟官司，亞培最後失敗了。

這個事件提醒大家一件事：「在發明的過程中，每一個環節都是非常重要的，哪怕是一張餐巾紙，都要留下來當發明的證物。」

想要從數千位菁英中脫穎而出，成為世界上最頂尖的生物學家是一件非常困難的事，特別是在癌症研究的領域，因為在 1969 年時代，大家對於分子生物學的認知仍十分有限，四十多年前，洪伯文突然想要轉換跑道，改為研究癌症病毒。因此洪伯文再度說服他的老闆，讓他以全薪休職一年，到史丹佛大學去當訪問教授，研究勞斯氏肉瘤病毒（Rous sarcoma）。

在史丹佛大學這一年，對洪伯文而言，真是難忘的一年，因為這時他不僅發表了有關勞斯氏肉瘤病毒的文章，還認識許多在科學領域上頂尖的專家，其中包括了 Stanley Cohen 博士，他是重組 DNA 技術的共同發明者之一。

一年假滿之後，洪伯文回到亞培，並且問自己：「癌症病毒是否像一粒種子，將正常的細

胞轉變成癌細胞時，有發芽期的生化作用？」來自古老的記憶告訴他，當種子發芽成形後，有如磷酸酵素的催化作用，這是另一個諾貝爾獎得主Cori博士發現的。當時洪伯文在西北大學兼任醫學院教授，他和一位博士後研究員——林少光，一起將正常細胞變成癌細胞，然後尋找一種不存在於正常細胞內的酵素，這種可以加磷酸的酵素在癌細胞裡可能被找到，不久之後，洪伯文和這位研究員便發現大量出現會加磷酸的酶在癌細胞裡。這個酶可以在蛋白質上加磷酸，所以稱做蛋白質激酶，這個酶會將正常細胞轉變成癌細胞。也是大家在尋找的致癌基因。當時勞斯氏肉瘤病毒有四個基因，第一個是逆轉酶，第二個是表面蛋白質，第三個是核蛋白質，第四個則是大家想找的致癌基因。

因此洪伯文懷疑他們所發現的激酶就是致癌基因（因為激酶若是出現於正常細胞，那它就不是致癌基因了），為了解開這個謎題，洪伯文再次小心翼翼的檢查大量的正常細胞，並且在正常細胞中發現了少量激酶的蹤跡，此時還不能斷定此酶就是致癌基因。

在七十年代初期，洪伯文發表此篇文章於美

國科學院院士雜誌上，從此之後，有關此酶的文章，像雪崩般成千上萬的跟著被發表出來，後來由 Mike Bishop 和 Harold Varmus 兩位博士證實，這個激酶便是病毒的酶，也是致癌的基因，此外還有一種蛋白質激酶，深藏在正常細胞基因內。這兩位博士因此而得到諾貝爾獎，後來又有兩位發現 Cycline dependent 蛋白質激酶，此酶有關細胞分裂及壽命，因此也得到諾貝爾獎。這四個人的發現，在現代生物學上是很令人驕傲的，雖然洪伯文兩次和諾貝爾獎擦身而過，但能搭一個橋基使後人成功，造成科學進步，這點使我們了解到，一個偉大的成就，是建築在前人一次次辛苦努力的耕耘上面。

史丹佛大學教授 Stan Cohen 博士，在七十年代中期成功的發明遺傳工程基因重組技術，這一點給洪伯文帶來了一個靈感，就是把當時亞培用的細胞培養方法改成使用克隆（Clone）方法來製造尿激酶，此技術有極大的重要性，為了公司的將來，能得到協助來完成克隆尿激酶，洪伯文教了公司裡的其他經理們有關分子生物學的基本原理，其中包括現在美國生技界最大公司 Amgen 的創始人 George Rathmann 博士，

以及 Biogen 的前任董事長 Jim Vincent，還有 Genentech 的前任總裁 Kirk Raab 先生，然而不可思議的事情發生了，這些洪伯文的「得意門生」們，一個接一個的在離開亞培之後，成為生物科技公司的領導者。

在七十年代後期，洪伯文使用克隆方法成功的製造出人體內的酵素——尿激酶，並且取得專利，這是人類第一次以人工方法製造出人體內的酵素。這項研究曾發表在美國科學院院士雜誌上，也被華爾街日報及 ABC、CBS、NBC……等等無線電視台報導過。

⊙得意夥伴林少光博士（右）。

8. 未能搶先登記專利而錯失每年幾千萬美金

　　1988年，美國家庭用器公司（American Home Products）在評估整體的營運狀況後，決定將旗下的兩家公司，Ayerst公司和惠氏藥廠（Wyeth）這兩個子公司，合併成一個更大的醫療研究單位。如此一來，將可以為總公司節省更

⬆ 惠氏公司部分研究人員。

多的經費，避免重複的資源浪費。

　　合併子公司的做法，是美國一些大公司常見的運作方式。但是合併後的重整，勢必會造成一些員工的解僱，因此，Ayerst公司的微生物研究人員，開始擔心合併後會被做同樣研究的惠氏主管解僱。有一天，Ayerst公司的一名研究人員帶著自己發現的抗生素，來惠氏公司拜見洪伯文，問他是否可能將這個抗生素推到市場？洪伯文在看了這位研究員帶來的抗生素後，發現這個抗生素和目前醫藥市場某些抗生素有類似的功能，就是它的作用重複了，而現今有關抗生素的市場已經飽和，很多著名的抗生素價格一直往下降，如果這個抗生素沒有殺死細菌之外的特殊功能，那麼它在市場上將無法佔有一席之地。

　　洪伯文對這位Ayerst公司的研究人員說：

　　「那麼，你先將這瓶抗生素（Rapamycin）留下，我再想想有沒有新的發展？」

　　後來，洪伯文將這瓶抗生素交給旗下研究人員之一的傅康平，傅康平博士是從台灣來的，洪伯文在惠氏當主管時，提攜不少來自台灣的同胞，而台灣來的這些科學研究人員，也表現相當傑出。傅康平博士畢業後在紐約康乃爾大學

（Cornell）當博士後研究員，工作十分勤奮，發表文章速度相當快，所以教授非常欣賞他。

洪伯文對傅康平說：

「這個抗生素（Rapamycin）若只被拿來做殺菌用，是沒有競爭力的，你去研究看看，這瓶抗生素是否還有其它的功能？」

腦筋反應相當快的傅康平，聽了洪伯文的這番話後，就朝著和傳統抗生素功能完全不同的方向去探索。沒想到，就在短短的兩個月後，傅康平發現這個抗生素（Rapamycin）的新功能，就是可以「抑制免疫系統」。當傅康平把這個新發現告訴洪伯文後，洪伯文非常高興的說：

「抑制免疫系統的藥在市場上很少，這個新發現可以為公司每年賺好幾億美金！」

可惜當時惠氏公司內沒有研究免疫學的專家，洪伯文為了要更確定這個藥品的功能，所以將這個抗生素送去英國，給當時的免疫學權威——Sir Calne，讓他確定這個藥品對人體免疫的功能。

「抑制免疫」的藥，是被用在器官移植的時候，可以避免人體的免疫系統對新來的器官產生排斥現象，這對器官移植手術是十分重要的藥

品，而且這個抗生素和 Cyclosporine（也是一種抑制免疫的藥）抑制的部位不同，也就是說，這是一種市場上還沒有的新藥！簡單的說，如果這個抗生素只是被用來當作抗生素使用，那將一文不值，但若被當成器官移植時的藥，那就成為「救命仙丹」了！

可惜的是，洪伯文慢了一步，給別人捷足先登了。英國的 Sir Calne 把這個新發現搶先拿去申請專利，變成他的專利。後來，惠氏公司為了要製造這個藥品，還得付給這位英國爵士每年好幾千萬的美金。從這個故事我們可以學到，如果有新的發現或創意，要趕緊去申請專利，以免和大筆的財富擦身而過，終身遺憾！惠氏現在賣 Rapamune 免疫抑制藥，一年達數億美金之多。

傅康平這位優秀的科學研究員，目前已不在人世了，令人傷感又惋惜。他在洪伯文旗下雖然只有短短三年，卻發表了 23 篇文章，平均一年八篇文章發表，勤奮，動作快，文筆又好，實在是位不可多得的科學研究人才！

9. 一場險勝的官司，讓公司避免數十億美金的損失

惠氏公司是世界知名的大藥廠，每年研發出許多新的藥品與疫苗，早期研發疫苗的技術尚未臻於完美，所以某些疫苗的副作用在當時的醫療器材限制下，是無法做到對人體百分之百的安全。因此，在少數的使用者身上曾出現特殊的案例，有的人可能在接種疫苗後，會產生嚴重的不適狀況，或造成身體的傷害。以當時的技術而言，這是無法完全避免的。

1986 年，一場風暴即將席捲惠氏公司，公司當時就遇到有人在注射疫苗後產生後遺症的棘手問題。當時百日咳疫苗的製造過程是這樣子的，必須在實驗室先培養出百日咳的細菌，然後再把所有細菌一起打碎並殺菌，製成疫苗，注入人體後可以讓人體產生抗體，抵抗疾病的傳染。但是不幸的是，有極少數的人可能無法適應這個類疫苗而造成憾事，在當時而言，這實在是無法完全避免的事。惠氏公司就在 1986 年被控告，

要求賠償受害人一人一千五百萬美金，因為那個時候，日本剛發明了一種新的百日咳疫苗，這種新的百日咳疫苗比之前惠氏公司生產的疫苗精純，對人體的副作用較低，因此，之前接種疫苗而受到傷害的民眾認為，既然日本可以發明出對人體無害的百日咳疫苗，堂堂一個美國大製藥廠，一定是偷懶，沒有好好研究而草菅人命，所以要求惠氏公司付出巨額的賠償金。

　　若這個控訴成立，那麼惠氏公司要付給受害人一人一千五百萬美金，十人就是一億五千萬美金，以此類推，到時候不知會有多少人出來要求賠償，那麼惠氏公司可能因此而付出巨額賠償，甚至破產也說不定，所以公司對這個事件非常著急。

　　當時精通日語的洪伯文，認識日本的那位新疫苗發明者，佐藤勇治。洪伯文告訴公司，他想了解佐藤先生是如何研發出這種新的、無副作用百日咳疫苗，這或許對公司的這場官司有幫助。

　　惠氏公司派了兩位美國律師，隨同洪伯文一起到日本拜訪新疫苗發明者佐藤先生。美國的律師費用是從出門的那一分鐘開始計時，每小時300元美金，從美國搭頭等艙飛機到日本再回

國，整個過程都是在計費當中，也就是說，不管這兩位律師大人是在睡覺、吃飯、等飛機都得照樣算錢，總之，中國的那句古諺：「一寸光陰一寸金，寸金難買寸光陰。」是一個很好的註解。

洪伯文一行人抵達日本後，下榻於日本帝國飯店，洪伯文隨即聯絡佐藤博士前來作證，美國律師要求必須聘請日語翻譯員，雖然洪伯文精通日語，但因為他是惠氏公司高級幹部，為了避嫌及公正，不能做翻譯，洪伯文只好向美國駐日大使館申請兩名日語翻譯員前來。此外，日本政府規定必須要有日本律師在場聆聽，證詞才算有效。於是，又得另外聘請一名日本律師來參加這個作證。

安排好各方人馬，準備就緒後，還需要場地會談，於是向帝國飯店詢問是否有會議室？但是帝國飯店的會議室的租金實在非常昂貴，一天費用是一百萬日幣。洪伯文希望自己能讓公司在花最少的錢之下，辦出最好的事情。於是就詢問飯店人員：「高級套房內有哪些設備？一天房價多少？」洪伯文發現高級套房內有客廳、飯廳及兩間臥室，足夠寬敞，而且一天只需十萬元日幣，可以幫公司省下一天九十萬日幣的費用。

　　作證開始，洪伯文詢問佐藤博士如何發明這麼好的疫苗，佐藤博士說：「這是一個偶然！」佐藤是一位細菌學家，其實對生化並不太了解，有一天，他參加了一場生化儀器的發表會，看到一個來自美國的新儀器，這個儀器會旋轉，產生超速離心力，有點類似「脫水機」原理，佐藤博士靈感一來，心想：「那麼，我是否可以利用這個機器的離心力，將細胞內不同比重的物質分離，那麼細胞質、細胞液、細胞膜、粒線體……等等，就可以分開，然後再把需要的部分萃取出來，就可以將細菌內其他不需要的雜質去除，只留下會產生中和抗體的抗原，得到更精純的疫苗。」如此一來，便可取代原本只是打碎細菌細胞的那種方式，減低對人體所造成的傷害。

　　在場的美國律師聽到佐藤博士這番話後，非常高興。因為佐藤發明這疫苗是「偶然」的機遇下得來的構想，而不是先知道有這種方式及步驟才去製造疫苗，這證明「發明」不是可預算或安排，也並非想發明就可發明，這也就澄清了惠氏公司並非只是為了賺錢，而故意節省經費或開支來製造疫苗！

　　最後，惠氏公司的這場疫苗訴訟官司終於獲

勝了，這場勝利的官司替惠氏公司省下一筆可觀的賠償金，若照原先控告者要求，一人一千五百萬美金的賠償金，那麼，在接種疫苗的幾百萬美國人中，假設萬分之一的機率發生意外而要求賠償，惠氏公司就得付出幾十億美金的金額，如果公司不幸敗訴，那麼，很有可能就此倒閉也說不定呢！

中國人民大會副委員長：嚴濟慈

10. 中國人民大會副委員長：嚴濟慈

　　1986 年間，洪伯文的父親不幸過世，這時母親的心情十分低落，剛好「國際生物化學研討會」要在北京舉辦，邀請洪伯文前往演講。孝順的洪伯文為要讓媽媽開心一點，就邀請母親一同前往中國，順便旅行。

　　飛機直飛北京，他們下榻在一個很豪華的五星級飯店，叫做「長城飯店」。第二天，長城飯店接到通知，有一位重量級人士要來這個飯店訪問洪伯文，洪伯文也不知道是誰，只見長城飯店裡的總經理和經理們忙進忙出，很謹慎的拿出一整捆紅色地毯開始滾呀滾的，很忙碌的準備這位大人物的光臨。

　　可能是臨時才通知飯店人員，經理們忙得人仰馬翻，還未就緒，沒想到車子已經開到飯店門口，紅地毯還沒鋪好，車內的人只好坐在車子裡面等，等到鋪好地毯，車門才能打開，這位大人物出來了，是誰呢？

　　原來那位大人物是中國人民大會副委員長，

中國國科會主席——嚴濟慈。嚴濟慈是近代中國物理學的泰斗，對中國的科學非常有貢獻，當時他擔任中國人民大會副委員長，也是中國政治核心領導人物之一。

中國政府此次派嚴濟慈副委員長前來長城飯店，是受副總理姚依林之託來探訪洪伯文，表示非常重視科學的發展。又因為幾年前，洪伯文到上海的生化研究所演講過，那時候的上海生化研究所所長是王應來，王應來博士也是著名的生化學家。繼他之後接任的所長是林其誰。這兩位在中國深具名望的科學家，當時也一同前來飯店拜訪洪伯文。

就在幾位重量級的科學家們熱烈的談話中，洪伯文的媽媽發現王應來和她一樣是「閩南人」，是同鄉。於是，兩個人用閩南話開心的聊起來，洪伯文看到媽媽能這麼開心的和人談天，心裡也著實感到安慰。

洪伯文從和嚴濟慈愉快的交談中發現，他的確是個溫文儒雅，很有風範的科學家。談話中嚴濟慈忽然從口袋中掏出一張四邊都磨得有些破爛的名片給洪伯文，說：

「伯文，這張我的名片，是在 1946 年，我

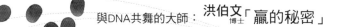

到美國國務院參訪時，美國國務院所印製的名片，就剩這麼最後一張，沒有了，送給你當紀念吧！」

洪伯文接過名片後，心中真是百感交集。當時在中國，他栽培了很多優秀的學生，又將這些學生送往美國繼續深造，後來這些學生中有好幾個人得到「諾貝爾獎」，例如：楊振寧、李政道……等等。他是這些在世界科學上有貢獻的中國科學家們的老師，對中國近代的科學史是非常有貢獻的學者。嚴濟慈應該是留學歐洲的博士，因為德國納粹黨壓迫猶太人及其他東歐科學家，所以很多聰明又優秀的猶太裔科學家，例如：愛因斯坦之類的科學家，才通通逃往美國去，奠定了美國後來在世界物理科學上的領導地位。

11. 發明B型肝炎口服疫苗及日本歌舞藝妓

　　1990年，日本京都舉辦一場「國際生化會議」，洪伯文被邀請到會場發表他的新發明，這項發明是沒有人做過的劃時代發明：將負責製造B型肝炎病毒表面抗原的DNA找出，切下並插入對人體無毒的腺病毒DNA，使其同時呈現兩種不同的抗原去製造中和抗體，如此就可以合成新的「腺肝病毒」（Adeno hepatitis virus），製成口服膠囊。此一口服膠囊經由小腸吸收後，能使接種者身上自然產生三種不同的免疫系統，具有黏膜免疫、血液免疫，及細胞免疫的功能，能把B型肝炎病毒中和掉。

　　原理雖然簡單，但要如何正確的將DNA片段安插在合適的位置上，卻是免疫的成敗關鍵。位置若放錯，DNA的信息不能表現出來，那麼病毒就不會產生新抗體。這些疫苗的發明，必需通過黑猩猩的動物實驗測試才能繼續研發。

　　洪伯文將新研發的B型肝炎口服膠囊讓黑猩猩吃下後，再對黑猩猩注射高劑量的B型肝炎

病毒，觀察黑猩猩是否會被感染？經由對照組實驗證明，服用膠囊後的黑猩猩身體內的 B 肝抗體明顯增加並中和 B 型肝炎病毒，這是一個全新方向的發明。在日本的發表會場，來了許多報社及電視台新聞記者，洪伯文也接受這些日本記者的訪問，有許多電視報導和報紙刊載。

　　隔年，洪伯文受當時世界首富堤義明的邀請，再度到日本作專題演講。堤義明是 1990 年代世界最有錢的人，他擁有日本東京很多的土

⊙ 洪伯文日本旭工業演講。

地，還有一個「旭工業」，日本著名的西武百貨和電鐵也是他的。堤義明對生化科技很有興趣，於是邀請了當時世界知名的六、七位頂尖遺傳工程專家，到日本演講。

演講結束後，這些科學家被安排參觀一個很具特色的地方，叫做「苔寺」，苔寺是京都著名古剎，位於京都市區西緣，這是 14 世紀所建的古剎，19 世紀後期因為明治天皇「離佛廢釋」、獨尊神道的政策，寺廟逐漸荒廢、苔蘚蔓生，等到後世注意到時，整個園區已被青苔覆蓋，猶如綠色的絨毯，成為它獨特的景致，因此而得名「苔寺」，苔寺呈現與其他寺院不同的深邃與寂靜感，有池塘、迴廊等，充滿典型的日式風情。這個庭園無論是樹根旁、橋樑上或石縫間、水岸邊，莫不長著厚厚的苔蘚，讓整體氣氛更顯與眾不同，漫步其間，美不勝收，但是要進去參觀，必須事先提出申請，不是很容易，可能是要保護這個名列世界文化遺產的古寺吧！

晚飯後，還安排了日本獨有的文化國粹，歌舞藝妓，來招待這些貴賓。這是日本商人高級的待客方式，費用當然相當昂貴，一般人是不到這些地方去消費的，這些藝妓除了表演歌舞，還替

客人斟酒、講笑話，陪客人聊天，那天在場的客
人，有德國籍的科學家、比利時的科學家……等
等，來自世界各處不同的國家，只有洪伯文來自
美國，還會講日語，也只有洪伯文聽得懂那些藝
妓在講什麼，說了哪些笑話，所以最受藝妓們的
歡迎。這些藝妓的皮膚非常白，不知道是否長時
間在臉上擦了厚重的粉，還是什麼原因，看起來
很怪異，但這就是傳統的「日本文化」。

⊙ 京都的日本藝妓。

12. 高消費的國家：日本

洪伯文每年替家族舉辦一次旅行，成員包括他的三個兒女、六個孫子、媳婦、女婿……等等，旅行的地點包括北歐、中歐、地中海、希臘、中國大陸、太平洋島嶼……等等，可以說是行遍天下。

2005 年間，他們選擇到日本遊覽，日本這個國家對西方人非常具有吸引力，有華麗精緻的和服、有白得嚇死人的藝妓、有冒著煙的泡湯溫泉、有庭園造型的寺廟、有細雪般紛飛飄落的粉紅櫻花、有穿著夾腳木屐的男男女女……總之，日本是個極具特色的民族。

當飛機在舊金山轉機時，旅行社的經紀人打電話給洪伯文說，有四個倒楣的旅客被別家旅行社遺棄在機場，這四個人是從西雅圖搭飛機預定到日本觀光，但是不幸的，在舊金山轉機時，竟然被旅行社放鴿子。這四個人在機場不知如何是好，希望洪伯文能收留他們，答應讓他們併入洪伯文的家族旅行團一同到日本觀光。這事情發生得有點突然而且少見，況且這是洪伯文自己家族

的旅行團，如此冒然的讓外人臨時加入，是否不太妥當？

就在洪伯文猶豫不決的當下，那四個人其中有一位女士對洪伯文說：「你是洪伯文嗎？」洪伯文嚇一大跳，難道自己真的這麼有名氣？連素未謀面的陌生人都認識他？那個女士又繼續問：

「你的哥哥是不是叫洪伯元？」

洪伯文回答：「是呀！」

「你哥哥是不是住在西雅圖？」

洪伯文回答：「也是呀！」

「你哥哥是不是婦產科醫生？」

洪伯文回答：「也是呀！」

「我們是他的患者。」

原來如此！想不到世界這麼奇妙，竟然會在一個陌生的城市遇到哥哥的病人，想起來也是有緣，洪伯文就答應讓這四個人加入他們家族的日本之旅。

此次的旅行，參觀了許多日本著名的景點，到了大阪、京都……等地，其中印象較深的有關西的明石大橋，1995 年神戶大地震時，這裡就死了六千多人。後來又到了東京上野公園賞櫻花，日本是個很喜歡櫻花的民族，他們在盛開的

🔊 全家於日本上野公園賞櫻花。

櫻花樹下野餐，覺得欣賞到落英繽紛的櫻花，是
一件非常詩情畫意的事。

　　吃飯的時候，洪伯文家族十八個人穿著日
本和服，跪在和式塌塌米上用餐，精緻美食是日
本料理的特色，奇怪的是洪伯文的兒子、女兒、
孫子們此時全都端著盤子跑到洪伯文這裡，盤子
裡裝滿了好吃的「鰻魚」和昂貴的「河豚生魚

片」，原來，這些孩子從小在美國長大，不敢吃這些食物，而且認為河豚有毒。真是暴殄天物，沒有口福，當然這些珍饈美味，都落入洪伯文的胃中了，他那餐大概吃了十幾盤的鰻魚和河豚生魚片吧。

在京都，他們住進一間五星級的飯店，名字就叫「京都飯店」。洪伯文的孫子們一進房間看到菜單上有他們喜愛的薯條、漢堡、可樂，就喜出望外的點來吃，在結帳時，洪伯文發現一個漢堡竟要價 25 美元，也就是 800 元台幣左右。大家都知道日本是個高消費的國家，記得筆者十幾年前去日本玩時，讓筆者印象深刻的是，我們旅行團一下飛機，在大阪機場賣的霜淇淋一個要日幣 500 元，合台幣 100 元。當時義美和麥當勞的霜淇淋也才 10 元或 15 元而已，而且非常好吃。所以，日本給我的第一個印象是：「物價昂貴。」但是小孩子們哪懂這些，當時我參加的那個旅行團的孩子們吵著要吃霜淇淋，他們的爸爸也是買給他們吃，100 元一個霜淇淋買了五個，一下子吃掉 500 元。唉！雖然天下父母心，但筆者認為適時的教育孩子建立判斷金錢的價值觀，應該是很重要的事情。

在結束兩星期愉快的日本旅遊後，日本導遊要求小費：一人 10 元美金，洪伯文一行人，包括中途加入的四個人共 20 人，短短一星期，光小費就花掉洪伯文兩千元美金，日本導遊兩星期賺了兩千元美金，合台幣六萬多，真好賺。還是那句話：「日本真是一個高消費的國家！」

13

發明愛滋病（HIV）疫苗

⊙ 女婿及孫子享受著泡湯。

13. 發明愛滋病(HIV)疫苗

　　因 1982 年，美國惠氏大藥廠的子公司，聘請洪伯文擔任生物科技及微生物研究的主管，下面有數十名博士和百多名研究員，在這段期間，洪伯文發明了更多的專利，其中包括愛滋病疫苗和第三代 TPA。

　　在惠氏公司，洪伯文的團隊使用活的病毒去做口服疫苗，可以防止呼吸器官的感染，後來這項技術被美國軍中大量使用。

　　二十世紀令人束手無策又具感染力的「愛滋病毒」，「愛滋病毒」—— HIV 是一種 RNA 病毒，當病毒繁殖時，會藉由逆轉酵素將 RNA 反轉為 DNA，此逆轉酵素平均在一千個核酸中會有一個在逆轉的過程中出錯，而核酸的改變將會造成胺基酸的改變，進而造成抗原中 epitope 的改變，不能中和新來的 HIV。

　　因此只要設計研發出一種可以專門殺死 HIV「愛滋病毒」的殺手細胞，就可以做成疫苗。為了達成這個目的，必須要「欺騙大自然的母親」，要在活的且不致病的病毒裡插入 HIV的

⬆ 研究發明的產品專利之一。

抗原基因，這個重組的活病毒疫苗會引起殺手細胞專門對抗 HIV 或受 HIV 感染的細胞。這個疫苗是否有效，必須以動物試驗來驗證，由於黑猩猩的基因 99 ％與人類相同，所以黑猩猩可以用來做 HIV 的感染測試，若此疫苗有效，先給黑猩猩施打此疫苗，然後再注射高量的 HIV。令人興奮的是，接受疫苗接種的黑猩猩並未被 HIV 感染，已活了七年多了。目前這個疫苗已開始做臨床試驗，洪伯文團隊包括 20 幾位醫學、科學博士將此研究結果發表在《自然醫學》雜誌上。

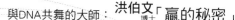

在此報告中，證實黑猩猩會產生殺手細胞專門去破壞 HIV，不過此實驗相當昂貴，因為黑猩猩是保育動物，做完實驗後不能將他們安樂死，只能自然死亡，而黑猩猩每日生活費要一百美元，假如以其平均壽命六十年來計算，每隻需花費 200萬美元，五隻則為一千萬美金，洪伯文開玩笑的說：「很幸運的，我不需要付這筆開支，並且我已得到專利。」

在洪伯文的發明藥品中，還有一個也是利用「欺騙大自然的母親」，挑戰人類複雜的遺傳基因工程，那就是第三代 TPA 的發明。TPA 是非常好的溶血劑，主要是用來治療心肌梗塞和腦血栓，但它有個缺點：它的半衰期太短，只有四分鐘，並需要注射長時間的點滴，每劑需花 2,000多元美金。因為洪伯文之前已有尿素機酶克隆的經驗，想改良 TPA 的缺點，用尿素機酶的一段基因插入 TPA，結果證實這個想法是正確的，如此一來，可將第三代 TPA 半衰期增加十倍，那麼一次靜脈注射的用量只需要原來的 1/3，用量少，則價錢自然就便宜很多，更重要的優點是不容易造成出血，副作用少。根據 TPA 的臨床實驗，TPA 有 26 %的機率會造成出血，6%

的機率造成大量出血，包括4％顱內出血，但是第三代的 TPA，在臨床實驗證實了此產品效果好，而且沒有造成大量出血的現象。

　　洪伯文在多年的研究之餘，仍一直想要回饋社會，他曾做過無薪的教授，如美國衛生部、國防部、聯合國、台灣衛生研究院、台灣衛生署顧問等，是很多職業性團體的會員，也被選上世界名人錄、美國名人錄及美國科學名人錄、醫學、工商、美國社會名人錄等，也在 2001 年得到被稱為「台灣諾貝爾獎」的「台美獎」，並將此獎金全額捐給他的母校——成功高中。如此的成就，若把洪伯文稱作「台灣之光」，亦當之無愧！

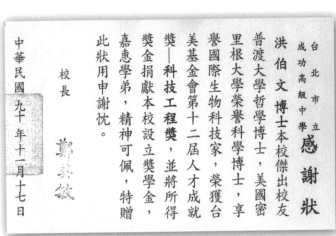

台北市立成功高級中學 感謝狀

洪伯文博士本校傑出校友普渡大學哲學博士，美國密里根大學榮譽科學博士，享譽國際生物科技家，榮獲台美基金會第十二屆人才成就獎—科技工程獎，並將所得獎金捐獻本校設立獎學金，嘉惠學弟，精神可佩，特贈此狀用申謝忱。

校長　鄭英敏

中華民國九十年十一月十七日

⬆ 台北市立成功中學頒發感謝狀。

14. 發明家的致富之道

洪伯文引用美國 Barron's 雜誌的文章，談他對美國財富分配的看法，Barron's 雜誌將現階段美國的社會分成四個階級：

(1) 啤酒和餅乾（pretzel）的階級：年收入有十萬美元，在美國是屬於前 5 ％。

(2) 牛排和香檳的階級：年收入有二十一萬美元，在美國是屬於前 1%。

(3) 遊艇和黑頭車（有司機駕駛）的階級：年收入有九十萬美元，並擁有別墅和一百萬美元的遊艇，資產兩千萬美元。

(4) 非常、非常有錢的階級：年收入有兩百五十萬美元以上，並擁有很多一百萬至兩百萬美元的房子，資產在四千至五千萬美元。

美國是一個資本主義國家，資本主義國家找優秀的人才，來驅使他們努力的賺錢，製藥行業當然也不例外，企業僱用優秀的科學家來發明新藥，為公司賺錢。洪伯文雖然發明很多專利，

但是這些專利卻是屬於公司的，公司以一美元購買一個專利，別認為這是不公平的事，其實這就是一種公司的營運技巧。簡單來說，公司老闆提供一份優渥的薪資給這些專門從事研究工作的科學家，這些科學家必須為老闆工作，老闆擁有多數的股票，可能有很多人並不了解擁有公司的股票有多麼重要。舉一個例子來說，假設公司給我40,000 股的鼓勵股票，每股現在是 50 元，也就是說，我可以用 50 元的價位購買未來 10 年以內的股票，假使股票在這未來的 10 年期間已經飆漲了 6 倍，變成 300 元。但我還是可以用 50 元買一股，每股我將賺 250 元，乘以 40,000 股，那麼每年將賺得一千萬元。說到這裡，很多人可能會忍不住像我一樣好奇的問：「那麼，請問洪博士，您是屬於哪一個階級？」洪伯文狡黠的說：「我是屬於任何一個階級。」

15. 心肌梗塞醫好後的老翁回家打老婆並斷絕父子關係

　　台灣電子業已趨穩定、成熟，但若想在二十一世紀延續台灣在世界上的繁榮，則台灣必須另闢一個新產業，台灣政府雖然十多年來致力推動生物科技產業，但至今仍未有一個真正能研發新藥的生物科技公司。洪伯文以前發明了許多專利，但這些專利是屬於美國惠氏藥廠的資產，在某些專利上，美國公司決定不發展為商業產品，洪伯文想應該將這些非常難得的專利及製藥經驗，移轉給自己一直念茲在茲的家鄉——台灣。

　　他於是將改良的第三代 TPA——治療心肌梗塞與缺血性腦栓塞的藥（這是蛋白改造學 Proteomics 的先例），移轉來台灣，為台灣的生化界注入新的氣象，因此在台灣成立一家生物科技公司——環球基因生物科技公司。第一、二期研究新藥申請已被台灣的 FDA 認可，進入臨床試驗，這是台灣生物科技發展史上重要的一個

里程碑，因為在此之前，台灣並沒有任何相關單位來審核新藥申請，也沒有任何藥廠申請第一、第二期臨床試驗。而洪伯文的新藥已在台大醫院進行心肌梗塞的臨床試驗，在台北榮總進行腦中風的臨床試驗，結果顯示此新藥具有良好的療效，救活很多寶貴的生命，且在人體上具有安全性，不會造成大量出血現象。

此相同的臨床試驗亦在中國大陸進行，其中發生一件有趣的事情，有位已經沒有意識的72歲老翁被送進醫院，由於這位老翁已經是第二次心肌梗塞，且有高血壓、糖尿病、痛風與胃潰瘍，因此被大醫院診斷將不久於人世，放棄治療，在場的他的家人，太太和兒子也就這樣放棄他而回家去了，恰巧當時洪伯文在這家醫院，有位年輕的醫師請求洪伯文給這位老翁注射一針第三代TPA，在藥物注射後 30 分鐘，這位老翁睜開眼睛並且開始講話，幾天之後已經可以獨自回家了。醫院裡的醫師和護士均在談論老翁回家後的第一件事，便是對他的妻子大打一頓，並與兒子脫離父子關係。

16. 默克製藥公司董事長 Roy Vagelos 拿蒼蠅拍打洪伯文的頭

　　默克（Merck）製藥公司的董事長 Roy Vagelos 博士，原先是華盛頓大學生化系主任，被默克製藥公司延攬過來當董事長，這位董事長學問好，又會管理，是當時美國所有公司裡最好的領導者，而且默克公司是當時很多美國人夢寐以求的好公司。當時惠氏製藥公司想和默克製藥公司洽談合作案，American Home Products（Wyeth 母公司）的董事長 Jack Stafford 就帶著洪伯文和 Dr. Ben Canavan（惠氏總裁）及 Dr. Hank Agersborg（惠氏研究總裁）乘坐大轎車到默克製藥公司。默克製藥公司的董事會議室很大，有最高級的裝潢設計，牆壁是由高貴的木質製成，有一張很長很大的會議桌，洪伯文到了之後開始講述他的發明——腺病毒。這個病毒可以被做成很好的愛滋疫苗，正在講述過程中，突然有一隻蒼蠅來到洪伯文的四周飛舞著，在洪伯文的頭上或肩膀上停著休息。默克公司的

董事長這時悄悄地消失了，這位在學術界及企業界非常有名的董事長到哪裡去了呢？大家正在納悶著，等他出現時，大家更嚇一跳，因為他手上拿著一隻很大的蒼蠅拍，跑過來要打停在洪伯文身上的蒼蠅，這時惠氏公司的董事長馬上很緊張的制止說：「不能打！不能打，這位 Dr. Paul Hung 是我們惠氏公司的智慧財產！」此話一說完，大家立刻哈哈大笑！洪伯文聽了好開心，還好董事長保護他，不然他差一點挨了默克公司董事長的一記蒼蠅拍。

惠氏公司的董事長 Jack Stafford，律師出身，是一位能幹又有判斷力的領導者，當時美國有一家也是相當不錯的製藥公司，A. H. Robbins，但是由於公司製造的子宮內避孕環出了點問題，經訴訟，被判決要賠償一筆巨額金額給受害人。幾乎宣佈破產，但 A. H. Robbins 公司是一家體質很好的製藥公司，因此有很多製藥廠商想要併購，以增加公司的產品種類，經過多次談判結果，A. H. Robbins 公司被法國某家製藥公司收購。

就在要簽約那天，當地天氣惡劣，法國公司飛機無法起飛。這消息被 Jack Stafford 聽

到後，馬上要司機將車開往 A. H. Robbins 公
司，從紐約到維吉尼亞州（Virginia）的裡奇蒙
（Richmond）去找 A. H. Robbins 家族談判，
希望將購買權轉給惠氏公司，並且立刻到受害者
聯盟表示願意承擔受害者的賠償金額，接著又說
服法官。結果，當下就以和法國差不多的價錢
（24 億美金）收購了 A. H. Robbins 公司，並
且馬上就簽約了！

　　簽約後當天　剛好是 Jack Stafford 約了惠氏
總裁 Dr. Canavan 及 Dr. Agersborg（惠氏研
究總裁），還有洪伯文見面的日子，等到晚上見
到這位 Jack Stafford 時，只見他像個小孩子一
樣，不停地興奮喊著：「I got it！I got it！」
洪伯文好奇的問他：「董事長得到什麼呢？」他
說：「我今天收購了 A. H. Robbins 公司了！」

17. 和布希總統握手及瑞士Matterhorn峰的照相趣談

　　洪伯文在擔任美國衛生部部長顧問及美國國家疫苗委員會（美國國家有關疫苗決策的最高機構）的委員時，曾獲得當時總統布希先生（George W. H. Bush）兩次邀請到白宮開會，當時在洪伯文兩側的是賓州的退休參議員Weichert，及現任 Aaron Specter 參議員，退休的Weichert說自己將參議員位置讓給 Specter，洪伯文疑惑的問：「參議員是世襲的嗎？」經過一番解說後，才了解到政治運作的另一面。當時白宮之宴，還發生一件有趣的事，就是洪伯文請朋友幫他和布希總統照相以留作紀念，照完像後，興沖沖的洪伯文心想能夠和當今擁有最高權力的美國總統合照，這是一個多麼殊榮又難得的經驗呀！當然迫不及待的去把相片洗出來，但是沒想到這千載難逢的畫面，洗出來卻是這樣的照片：一隻不知道是誰的手要和布希總統握手！那隻手的主人正是洪伯文，但照片裡卻只有手，沒

有人，唉！怎麼會有這麼糊塗的朋友？

另外一件也是關於洪伯文照相的趣事。洪伯文到 Geneva 演講，順便到附近有名的瑞士 Matterhorn 攬勝，Matterhorn 這座就是被派特蒙電影公司當作標記的鼎鼎大名的山，不遠處有一座更高的山，Stockhorn，洪伯文和他的同行朋友們當下決定去攀登那座更高的山，此山的高度大約有海拔 4000 多公尺，他們沿著陡峭的山脊小心翼翼的走著，腳下是千年的冰河，冷風颼

⊙ 洪伯文正要和美國布希總統握手。

颳迎面而來，非常危險，洪伯文心想：「若一個不小心掉入冰河的話，可能要花上千萬年才能找到他的屍體吧！」還好沒發生任何意外，當大家千辛萬苦抵達山頂最高峰時都非常興奮，洪伯文在到達山頂第一件事情是做什麼呢?大家一定沒料到，就是：尿尿！因為憋太久又沒廁所，但這也的確是一件重要而且必須解決的事，隨著尿尿，山頂揚起一陣霧氣，洪伯文分析道，那裏有風！真不愧是科學家。

接著洪伯文把帶來的水果分給隨行的德國人、義大利人，大家吃得很高興。洪伯文就坐在山峰上，請德國人幫他照個相留念，照完後洪伯文想剛剛的鏡頭瞄準方向好像偏低，不太對勁，就再請這位德國人再照一張，這次請他將鏡頭調高一點，「嗯，這樣應該就沒有問題了吧！」洪伯文心想。

不過相片洗出來後，很糟糕！因為第一張相片：沒有頭，只有山峰；第二張相片：只有上半身，沒有山峰！怎麼會有這種事呢?

18. 老天爺還我50萬韓幣

　　因洪伯文經常受邀到世界各國演講，所以有許多趣事常常發生。其中讓他印象深刻的一件事，是他從香港坐飛機到韓國漢城的經驗。那次洪伯文在香港的演講結束後，參加了一個漢城旅遊團，團友大多是香港人，其中有的是律師，有的是製造商，大家相處都十分愉快。就在飛機抵達漢城，下飛機時，洪伯文突然在走廊上踢到一個東西，他好奇的將這包東西撿起來，一看，哇！不得了！裡面是一張張面額壹萬元的韓幣100張（折合台幣大約4、5萬元），洪伯文嚇一跳，也不知道這是誰遺失的，趕緊將這些錢交給在他前面的空中小姐。

　　沒想到一出機場後，同團的香港旅客都走過來笑罵他好笨，把大把鈔票送給空中小姐，也許空中小姐把這些錢收到自己口袋去了。如果把100萬韓幣拿來請大家吃吃喝喝或買東西，不知有多好呢！接下來的幾天，洪伯文在同團的笑罵中度過，他幾乎要懷疑自己是否真的是一個大家口中的「大笨蛋」。

幾天後的行程當中，大家來到了華克山莊，華克山莊的建立是為了紀念韓戰時的一位美國中將 Walker，這位中將坐吉普車在此地發生意外，為了紀念此位對韓戰有功的將軍，在當地建了一座大飯店，飯店裡面有豪華賭場，是韓國著名的觀光勝地，十分熱鬧。

洪伯文和大家一同去玩「角子機」（Slot Machine），沒想到一拉，「嘩啦、嘩啦……」的聲音不斷響起，原來洪伯文中了大獎，錢幣從機器口中不斷的掉出來，甚至還滿出來灑了一地，此時賭場裡的經理也跑出來了，他表示這些錢還不夠，因為他中了 50 萬！洪伯文心想：「難道是因為我前天撿到 100 萬還給失主，作了好事。老天爺還記得我，還給我 50 萬？但是，老天爺還欠我 50 萬，別忘了還給我哩！」

19. 被澳門賭場誤認為日本山口組老大

　　近年來，因為環球基因公司的關係，洪伯文經常返回台灣，以及到中國大陸處理事情，在一次過境澳門的過程中發生一些趣事。當時，洪伯文在公司的副總經理楊適旭的陪同下，來到澳門一家著名的賭場參觀，這家賭場頗具規模，是澳門賭王何鴻燊所經營的一家賭場，裡面一張張牌桌都擠滿了賭客，玩的是「21」點遊戲，在美國叫「黑傑克」（Black Jack），每張桌子最多只能坐八個人，其它後到的賭客，約二十幾個人，只能站在後排跟著壓錢，是無法佔有座位的，洪伯文對賭博沒有興趣，但基於澳門賭場的名氣和剛好時間有空檔，於是和公司的副總經理兩人便走進去賭場參觀，沒想到才一踏進門，迎面就來一個年輕人，對著洪伯文深深一鞠躬，並恭敬的說：「請、請、請」，領著洪伯文來到一張桌子，並叫其中一人讓位給他，洪伯文心裡納悶著自己並非賭場大戶，也不是常客或大人物，為何被如此禮遇，盛情招呼，請他入座，對他畢恭畢

敬呢？真是奇怪。

　　這時，四周站著大約 20 幾個人等著下注，洪伯文本來只想逛逛，並沒有打算要玩，但被如此簇擁著，實在覺得有點不好意思，就勉強下了幾把注，但是，運氣不怎麼好，沒有贏錢，所以幾次後就起身離開了賭桌。

　　沒想到才剛站起來不久，迎面立刻又來了另一個年輕人，這個年輕人和之前的那位態度一模一樣，也是對著洪伯文很有禮貌的一鞠躬，說：「請、請、請」，然後又把他帶到另外一桌去，同樣的，把桌子旁的一人趕走，請洪伯文入座，洪伯文心裡越來越覺得奇怪，這家賭場是怎麼了？對他如此熱情接待？難道何老闆認識他嗎？實在令人費解。

　　就在玩牌的過程中，楊副總忽然觀察到，發牌的先生和牌桌四周的賭客不時的往洪伯文的小指頭偷瞄，氣氛有點詭異，洪伯文手上的小指頭，前幾天在台灣不小心被割到，所以醫生用一個塑膠指套把小指頭套起來，並且把它包紮。洪伯文心想這有什麼稀奇呢？值得大家緊張兮兮的偷看嗎？

　　此時，一直站在身旁的楊適旭忽然恍然大悟

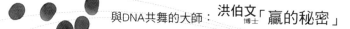

的對洪伯文說：「Paul，他們把你誤認是日本黑社會，山口組的老大，你變成大流氓了！」

　　原來日本黑社會的大老們，會把手指頭切掉一小節，並帶著指套，再加上洪伯文戴著墨鏡穿著西裝，身旁又跟著一個西裝筆挺的小弟（楊副總），和自己散發出來的氣質及體型，真的相似度達百分之九十九，叫人不誤會也難！不過，了解真相後的洪伯文選擇趕快離開，以免等會引來更多的麻煩，不是招來仇家砍殺，就是說他是冒牌貨，還是走為上策！明哲保身是好！

20. 駱駝罷工

　　1976年美國卡特總統宣布和埃及簽約，兩國恢復邦交的那年，洪伯文想終於可以去埃及看看當時由美國羅斯福總統、英國總理邱吉爾、中國蔣介石委員長簽訂「開羅宣言」的地方，「開

⤒金字塔。

羅宣言」內容有一項是表明台灣的主權將歸還給中國，這是一個非常有歷史價值的地方，裡面放有許多很有歷史性的照片。至於埃及的金字塔，也是世界知名的景點，金字塔內應有埃及古時候法老王的木乃伊，這些都是令人嚮往的觀光勝地。

要去金字塔，必須騎駱駝，駱駝有兩種，一種是中國的駱駝，有兩個峰，埃及的駱駝只有一個峰，人坐在好高好高的駱駝上面，不禁感到心驚膽跳。洪伯文好奇的和牽駱駝的人閒聊：

「南西坐的那隻駱駝叫什麼名字？」

牽駱駝的人毫不猶豫的回答：

「卡特總統！」

大家都笑翻了，洪伯文不敢再問自己騎的這隻駱駝叫什麼？因為怕萬一聽到答案後，會克制不住大笑，從駱駝背上摔下來。

走著走著，駱駝突然都停下來了，洪伯文問：

「為什麼駱駝都不動了呢？」

牽駱駝的埃及人答道：

「駱駝現在正在罷工！」

此話真是讓人費解，為什麼駱駝要罷工？他

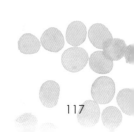

回答：

「要給錢才會動！」

此時，坐在高大駱駝駝峰上的洪伯文抬起頭往上看，頭上是熱死人的大太陽，往下瞧，離地面這麼遠又下不來，真是叫天天不應，叫地地不靈，只好乖乖給錢。

到了金字塔那裏，大家爬上爬下，好辛苦，金字塔內原本陪葬的寶物都被盜光了，只剩下一個石棺。洪伯文看見一位美國小姐跪在某一角落，原來是在唸經呢！真是無奇不有！

接下來要從開羅機場到路克索（Luxor），此地有很多埃及法老王埋葬在此，也是著名的觀光勝地。圖騰卡門（Tutankhamen）是個少年國王，當時眾人遍尋不到圖騰卡門的墓，不得其門而入，最後當所有人都放棄，將帳篷拆掉，正要打道回府時，才發現原來入口就在帳棚下。

此墓內的壁畫經過這麼多年後依然色彩鮮明，此時導遊介紹壁畫說：「埃及人好厲害！發明顯微鏡！」洪伯文很驚訝的回答：「真的呀？竟然有這回事，怎麼都不知道？」

「你看，壁畫上有著密密麻麻的小蝌蚪從國王這邊一直游泳通往皇后那裡，所以皇后生

⊙ 埃及Luxor。

產了，沒有顯微鏡的話，怎麼知道精蟲的樣子像蝌蚪？所以埃及人在三千多年前就發明了顯微鏡。」導遊用手指著壁畫上的圖形，正經八百的說著。

　　從路克索機場飛往亞斯文（Aswan）的過

程中，大家都經過安檢，很熱的天氣，很長的隊伍，大家就在一場混亂中重新排隊，門口的警衛檢驗證件後，開始發進入許可票給排隊的旅客，但還沒輪到洪伯文，票就發完了，怎麼辦呢？警衛當下就從地上撿了一張報紙，撕了一角，發給旅客充當門票，真是離譜，令人大開眼界！

到亞斯文，是前往參觀法老王拉美西斯二世的墓——阿布辛貝（Abu Simbel），這座神殿建造於西元前 1290 － 1224 年。洪伯文很想拜訪這座被埃及人奉為「全埃及最美的神殿」。就在黃沙飛舞、艷陽高照的沙漠中，飛機降落了。哇！天氣實在非常炎熱，氣溫高達攝氏 50、60 度。當大家一下飛機，只見到一個埃及小孩端了滿滿一盤冰涼的雪碧汽水和可樂迎面而來，頓時被快曬昏又口渴的

20

駱駝罷工

⬆ 洪伯文在埃及。

觀光客們搶成一團，但你猜一瓶可樂多少錢？答案是：拾塊錢美金。啊！頓時陷入天人交戰，不喝會渴死，買了又覺得被坑，不管怎樣，這些飲料轉眼已被這群快讓太陽曬焦的遊客們搶光了。盤子內大約有 100 罐飲料，一瓶賣 10 美元，這位不滿十歲的埃及小孩子竟然在短短 10 分鐘內就賺了一千美金，真是厲害！

　　說到這座埃及最美的神殿，實在不得不談到這神殿有兩大奇蹟：

　　其一，是 1968 年的古蹟大遷移，現代人用八年的時間，將兩座原本鑿山開挖的神殿，一塊塊切割、編號、重組、易地，讓它原貌重現。

　　其二，每年 2 月 21 日（拉美西斯二世生日）、10 月 21 日（拉美西斯二世登基），清晨5：20 分的第一道曙光，必定依序照向最內洞「聖壇」的老鷹神拉美西斯二世、太陽神，16分鐘後，太陽出洞。

　　每年只有在這兩天，陽光灑進內殿雕像，光線停留每座雕像約 4—6 分鐘。三千多年前就可精算出陽光移轉的時間與位置，實在讓人無限驚嘆！更奇妙的是，古蹟大遷移後，陽光入洞的時間整整後延一天。

21. 作者順序決定諾貝爾獎得主

　　1972 年有兩篇顛覆傳統分子生物學觀念的科學文章，在科學界極具有影響性的《自然科學》（Nature）雜誌發表了，這兩篇文章讓兩人得到諾貝爾獎，但卻讓另一位優秀的科學研究員失去得諾貝爾獎的機會。原因是自然雜誌的編輯組擅自將文章作者順序更動，這一個看似微不足道的小動作，卻讓一位有潛力的優秀人才和諾貝爾獎失之交臂。

　　當時的科學，有關分子生物學發展到 DNA 會轉變成 RNA，RNA 會變成蛋白質，但卻還沒有人知道 RNA 也可以逆轉變成 DNA。這是一個推翻分子生物學教條的重要發現，這個劃時代的貢獻，是由兩個研究團隊同時發現的。第一個團隊是威斯康辛大學（Wisconsin）的 Dr. Howard Temin 教授；第二個團隊是麻省理工學院（Massachusetts Institute of Technology）的 Dr. David Baltimore 教授。Dr. Temin 當時有逆轉酶的構想，但無法用數據證實，但直到

一位博士後研究員 Dr. Satoshi Mizutani (水谷悟，日本人)，在實驗室將藥劑很仔細的一個一個測試中，一個很偶然的機會，使用了中性去除病毒脂肪的試劑，終於可以把病毒的逆轉酶釋出，原來以前大家所用的試劑，都是具有離子性，所以所有的逆轉酶都被殺死，如此就無法發現逆轉酶的存在。

另外一個研究組是麻省理工學院的 Dr. David Baltimore 教授，他們從老鼠的白血癌病毒分離出逆轉酶。這麼一個重要發現，就在同時被這兩個研究團隊找到，同時送到在科學界非常具有地位及權威的《自然科學》雜誌發表，但是，沒料到文章刊登出來時，把日本人 Dr. Mizutani（水谷悟）氣壞了，因為發表的文章作者名字順序被變動了！原本日本研究員名字是放在前面，但是《自然科學》雜誌的編輯組將 Dr. Mizutani 的名字放在 Dr. Howard Temin 後面，如此一來，Dr. Mizutani 就會失去得到諾貝爾獎的機會，這對一個致力研究科學的科學家而言，是多麼重大的打擊。Dr. Mizutani 對此事非常不能諒解，Dr. Mizutani 因此決定離開原來的威斯康辛大學單位，跳槽到洪伯文任職的亞培

藥廠。洪伯文當時任亞培病毒及分子生物學室的主任，對這位優秀的 Dr. Mizutani 要跳槽來他的部門工作，表示非常歡迎。科學研究的創造與發明，除了要有聰明的頭腦，一群優秀的研究人員，還必須具備使其發揮的空間，那就是要有好的研究設備，要有好的研究設備就必須要有充分的資金作後盾，否則巧婦難為無米之炊。

後來在一個科學會議的場所，洪伯文巧遇 Dr. Baltimore 教授時，將 Dr. Mizutani 來自己公司上班的事情告訴他，並談到名字順序被更動的這件事。Dr. Baltimore 教授表示，當初在他評審 Dr. Mizutani 和 Dr. Temin 教授送件時，名字是 Dr. Mizutani 放在前面的呀，為什麼文章刊登時會被改放到後面呢？作者名字順序被更動的這件事，應該是《自然科學》雜誌的編輯組做的，沒有尊重原作者的同意，如此卻害了 Dr. Mizutani 無法得到當年的諾貝爾獎，這真是一件非常奇怪的事情。《自然科學》雜誌的編輯組認為，Dr. Mizutani 只是一位研究員而已，還沒有相當的地位和名望，如果將 Dr. Mizutani 放在第一作者的話，那麼他就會得到諾貝爾獎，所以就把他的名字擺到後面，讓他無法得到諾貝爾獎，編輯組認為他們有權利如此做，這是前所未有的事，這是編輯組的霸道。

22. Dr. George Rathmann（全球最大的生物科技公司Amgen的創始人）說洪伯文是他公司的教父

　　1970 年，洪伯文結束了史丹佛大學的訪問教學，回到亞培公司，這一年他接觸到許多在遺傳基因工程世界級的人物，深知遺傳工程對人類的重要性及其在未來對製藥工業極具有潛力和前景。

　　某一天，加州洛杉磯大學（UCLA）的教授 Dr. Winston Salser 來亞培公司訪問洪伯文，這時，洪伯文想到他的同事 George，George 是洪伯文在亞培公司的工作同僚。於是洪伯文就安排 George 和 Dr. Winston Salser 教授見個面，他們在一個早餐聚會中愉快並熱烈的討論遺傳工程，George 越談越起勁，覺得此技術是一個不可限量的行業，將來一定有不得了的發展，等到教授回去後，George 眼睛發亮並興奮的問洪伯文：「Paul，你不是有很多得諾貝爾獎的教授朋友嗎？可否幫忙引見一下，來討論遺傳工程呢？」

☝ Amgen的創始人、洪伯文的得意學生Dr. George Rathmann。

於是洪伯文就帶著 George 到哈佛大學、麻省理工學院、加州舊金山大學、史丹佛大學……拜訪這些在遺傳工程方面有重大貢獻的朋友們，這些朋友大多是一些得諾貝爾獎的教授，經過了

這麼一大趟的拜訪後，更堅定了 George 對遺傳工程的信心與興趣，於是 George 決定自己設立一個遺傳基因生物科技公司，離開了原來任職的亞培藥廠，來到加州的小鎮（千橡市，Thousand Oaks）設立 Amgen 生物科技公司，George 對洪伯文感激的說：

「Paul，你是我遺傳工程這方面的教父，也是 Amgen 公司創立的功勞者。」

「怎麼說呢？」洪伯文回答。

George 解釋道：若不是當初洪伯文帶著他四處引見這些世界級的頂尖遺傳基因高手、諾貝爾獎教授們，就沒有現在的 Amgen 公司，所以 George 尊稱洪伯文為「我的教父」。洪伯文是他的老師，他是洪伯文的得意門生。

在 Amgen 公司的初期，也和其它許多剛成立的公司一樣，面臨了資金短缺的問題，但是幸運的，George 快破產時找到日本麒麟啤酒公司的資助，投資了一百萬美金，雖然這不是一個很大的數目，卻解除了公司在草創初期面臨倒閉的窘況，現在的 Amgen 公司已經是世界最大的生物科技公司了！

Amgen 公司出了兩個非常重要的產品，一

個是 Epogen，這是促進紅血球繁殖的藥，發明人也是洪伯文的好朋友——林福坤，他來自台灣，也是普渡大學的博士後研究員；另外一個重要的產品是 Neupogen，是促進白血球繁殖的藥，光是這兩樣產品，一年就可以讓 Amgen 公司賺進大約一百億以上美金的大把鈔票！

有一天 George 告訴洪伯文，他當董事長當膩了，他想再創立另一個公司，再接受另一次挑戰。所以，George 又到西雅圖郊區設了一個 Icos 公司，該公司發明了一個很有名的產品，那就是「犀利士」（Cialis），此藥品比之前造成轟動的威而鋼還厲害，威而鋼只能維持一次的時效，但「犀利士」藥效長達36小時，所以大受歡迎，成為明星商品。後來 Icos 公司將「犀利士」這個暢銷產品以及整個公司轉賣給禮來（Eli Lilly）製藥廠，George 因此又多賺了一筆超過幾億美金的錢。

當洪伯文再次和 George 碰面時，對他說：「George，你是 Icos 公司的創始人，現在又多了一家公司，所以你的公司股票一定多得不得了。」

George 馬上表示，他並不是擁有自己創立

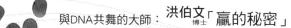

的 Icos 公司股票最多的人，他說：「Paul，你知道嗎？公司裡還有另外一個人的股票比我還多！」

洪伯文疑惑的說：「真的嗎？怎麼可能？」

George：「那個人是 Bill Gates（比爾蓋茲）。」

比爾蓋茲是目前世界上的首富。接著 George 把公司董事名單拿給洪伯文看，洪伯文一看，發現名單上有：花旗銀行董事長、前 IBM 會長、前美國商業部部長……等等。George 真是很有辦法的經營者，他找的投資人都是些商業界鼎鼎大名的人物，難怪公司會蒸蒸日上，沒有研究資金上的煩惱。

George 是個愛冒險又有魄力的人，在商場上的經營手法是十分毒辣，他可以毫不留餘地的將阻礙他公司發展的商場對手消滅掉。洪伯文回憶到一次受 George 邀請，到他的湖畔豪華別墅去渡假，晚餐後 George 邀洪伯文一起下圍棋，George 不知道洪伯文是圍棋高手，而 George 的圍棋技術只是初級程度，當然不是洪伯文的對手，很快的所有棋子都被洪伯文給包圍起來，眼看著就要輸了。此時 George 像個五、六歲的孩

子一樣，把桌面上的棋子弄亂，大聲喊著：「不玩了！不玩了！」從這點小事可以觀察到這位 Amgen 大公司的董事長不服輸的個性，但是這位好勝的 Amgen 董事長卻娶了一位脾氣溫柔的富家女，叫做 Joy，她的父親是明尼蘇達州的啤酒公司董事長，也是十分富裕的家庭。

有一天 George 開著新買的噴射飛機亮相，

⊙ 得意學生Dr. George Rathmann開新買的飛機來亮相。

來到費城探望洪伯文，飛機上面刻著他和老婆的名字「George & Joy」，George 說這架飛機花了四千兩百萬美元，並且飛機每一年的基本花費需要七百多萬美元，因為 George 請了三組的駕駛人員輪流待命，洪伯文告訴他這麼多的費用可以讓 George 每次都搭頭等艙去談生意或旅遊，但這對一個擁有身價數億美元的大富豪來說，應該不算什麼，只是九牛一毛而已！最讓洪伯文念念不忘的是那位高挑、美麗又親切的飛機上專屬空中小姐。在美國，這些富豪們的享受都是最頂級的。

談到 George 這位得意門生，洪伯文感到十分欣慰，由於自己當初的引見，而激發出一個對現代生物基因工程有著輝煌成果的 Amgen 公司的誕生，這也是他的另一種成就呀！

23. 網球高手發誓一輩子不和洪伯文打球

　　從事科學研究是一份很耗費精神和腦力的工作，為了要能維持研究工作時所需的體力，必須選擇一些喜愛的休閒活動來調劑身心。所以美國很多企業會經常舉辦一些科學研究之外的活動，讓公司員工紓解壓力。亞培公司和其他各製藥廠所組的工業聯盟，每週為員工舉辦橋牌比賽，洪伯文喜歡打橋牌，從高中時期就喜歡上這種需要動腦筋的活動，他的搭檔是公司裡的一位律師，這位律師的牌藝不錯，但有個小缺點，就是出牌時間稍嫌慢點，洪伯文和這位律師兩人的組合，在這個工業聯盟裡是所向無敵的。

　　有一天這位搭檔告訴洪伯文，全美國的橋牌比賽今年要在聖路易士舉辦，問洪伯文是否能夠和他一起去聖路易士比賽？洪伯文當時工作繁忙，況且考慮到路途遙遠，從芝加哥到聖路易士需要搭一個多小時的飛機，於是就婉拒了他的邀約。這位喜愛橋牌的律師只好退而求其次，找了另一位朋友去聖路易士參加全美的橋牌大賽，這

位朋友的牌藝是無法和洪伯文相提並論的。

律師和他的朋友到聖路易士參加比賽了，這個比賽大約有 1700 個隊伍參加，這是一個很具挑戰性的比賽，想要從 1700 個隊伍裡過關斬將，脫穎而出，的確很困難，因為這些隊伍是來自全美各地的橋牌菁英，裡面有不少經驗豐富的橋牌高手。在為期一星期比賽後，結果揭曉了，這次全美橋牌大賽的冠軍就是──這位律師。

報紙也刊登了這則消息，當這位律師回到亞培公司後，將比賽結果告訴洪伯文，洪伯文覺得實在太可惜了，因為自己沒參加這個比賽，不然全美橋牌比賽的冠軍得主應該就是他了。

後來這位喜愛橋牌的律師辭去大家羨慕的律師工作，成立一個橋牌學校，專心從事他的橋牌工作，而且還娶了一位橋牌女教師，如此熱愛橋牌又將它變成自己職業的人，應該是幸福的吧！

橋牌是一項很有趣的益智遊戲，但是洪伯文表示，每次打橋牌後，52 張牌就不停的在他腦海裡飛舞著，無法讓他鬆弛神經安然入眠，因此洪伯文決定，還是好好從事科學研究，暫時忍痛擱下喜愛的橋牌比賽，還是少打為妙吧！

洪伯文喜愛的另一項活動是網球，他的網

球技術來自乒乓球的靈感，他非常擅於切球、旋球，這種技巧，一般人是難以招架的，無法接到他發的球。有一次，公司來了一位從英國來訪的副總裁博士，這位博士邀洪伯文比賽網球，來者是客，洪伯文答應後，帶著這位博士來到自家附近的私人網球場，這位博士副總裁的網球技術已經算是相當好了，但卻偏偏接不到洪伯文的任何一球，第一局比賽結果是「6：0」，此位來自英國的博士副總裁臉色不妙，但第二局比賽結果仍然是「6：0」，這位副總裁博士著急又慌張的表示，自己很少得到這種分數。但更慘的結果是到了第三局，比賽結果依然是「6：0」！

這時，此位遠從英國來的副總裁博士又氣又惱的對洪伯文說道：

「Paul，我這輩子從來沒有打過三個零分的網球比賽，我發誓絕對不再和你打網球了！」洪伯文只好苦笑以對。

另一件也是有關網球的趣事，有一次洪伯文到西雅圖去找二哥洪伯元，洪伯元的妻子是何傳的女兒，也就是知名財團永豐餘集團負責人何壽川的姊姊，永豐餘財團是台灣的大財團，至少擁有超過數百億以上的資金。

　　洪伯元的房子堪稱為豪宅，位於相當大的華盛頓湖畔，房子外有專屬的船塢和遊艇，以及室外游泳池、室外溫泉……等等設施，佔地大約有400－500平方公尺那麼大。旁邊有一間待售的房子，售價是700萬美金，由此可知這裡的房價相當昂貴。西雅圖郊外Bellevue是一個風景優美的城市，在全美適合居住城市排行榜上被列為第一名，此外，二哥洪伯元家附近還住著一位全世界的首富——比爾蓋茲。可想而知，那裡應該是一個環境優美又愜意的居住地點！

　　洪伯元有一位在麻省理工學院就讀的女兒，她是該校的網球校隊隊長，網球的技術自然不在話下，當洪伯文來哥哥家拜訪時，哥哥洪伯元一時興起，提議讓女兒和洪伯文來場網球比賽，洪伯文只好順應要求，和這位麻省理工學院的網球校隊隊長來場比賽。

　　經過一番廝殺，比賽結束後回到哥哥家中，二哥洪伯元迫不及待的想知道比賽結果，問道：

　　「誰贏了？」

　　洪伯文不好意思的回答：

　　「馬馬虎虎，差不多啦！」

　　這時姪女嬌嗔喊道：

「叔叔把我殺到6：0。」

二哥洪伯元不敢置信，連麻省理工學院網球校隊隊長也被自己弟弟洪伯文殺到「6：0」！

另外還有一件關於保齡球的比賽事件，當時洪伯文任職的亞培公司為員工舉辦一個保齡球大賽，參加人數高達兩百多人，比賽方式採兩人一組的淘汰賽，贏的那人繼續和下一位挑戰者比賽，由於人數眾多，比賽時間長達七個星期，洪伯文雖然不常打保齡球，但為了贏得那個獎牌，他很用心的比賽。

第一個星期過去了，剩下二分之一的參賽者……

第二個星期過去了，剩下四分之一的參賽者……

第三個星期過去了，剩下八分之一的參賽者……

洪伯文經過一次又一次的比賽，過關斬將，持續到了第七個星期，只剩下兩個人要決定誰是這場比賽的最後優勝者。

最後，這場比賽的冠軍得主正是洪伯文。洪伯文終於得到了那個獎盃和獎品──感恩節的大火雞。

　　想起這些有趣的比賽，讓平時從事科學研究工作的洪伯文，增添了許多生活的樂趣！這也提醒了我們，不管生活有多忙碌，適時的休閒活動不但可以減壓，更能讓生活豐富多姿多采！

Dr. Hung '65 Champ

PAUL HUNG, a biochemist who digs into mysteries of nucleic acids during his working hours, is the 1965 Match Bowling champ. Paul survived six weeks of man-to-man competition before defeating Fred Ferger (Chemical Control) in finals. He's a 151 average bowler in the American League.

● 保齡球冠軍。

24. 好友看到自己能尿尿放聲大哭

1955 年，洪伯文剛到美國，這年暑假他在芝加哥這個大城市打工，有一天他去美國著名的密西根湖玩水，假日常見許多民眾攜家帶眷的在那裡戲水及曬太陽做日光浴，當時，洪伯文的附近有一位年齡大約 7、8 歲的小女孩正在戲水，不料，此時湖水裡湧進一股暗流，迅速將這個小女生捲走，當時正在泡水的洪伯文，毫不猶豫的過去搶救這位小女生，趕緊把她拉上岸邊，救了小女孩一命。那位小女孩的母親，是個白人，激動的向洪伯文跪下來以表達心中的感謝和救命之恩！這個事情讓洪伯文體會到，能夠盡到自己的力量去救人一命，是件多麼令人感到快樂的事呀！

洪伯文發明許多藥，這些藥救了很多人的寶貴性命，但若要親自見證到自己救人的整個過程，機會比較少。但就在 2006 年，又發生一件讓洪伯文感到快樂的事，那就是透過洪伯文的努力安排，把一位朋友從鬼門關口救了回來，事情

是這樣子的：

　　洪伯文有一位日本朋友——吉田明，這是洪伯文在北京讀日本小學時的同學，兩人的情誼維繫了近半個世紀，洪伯文經常去日本看他，但是，吉田明在幾年前不幸得到重病，腎臟失去功能，每星期必須到醫院報到三次，一次需花 5 到 6 個小時做血液透析，所以洗腎是件非常辛苦的事情。

　　2006 年十二月初，洪伯文見到吉田明時，感到非常驚訝，因為昔日身材壯碩的柔道好友，如今已不復存在，取而代之的是形容枯槁，臉色如土，皮膚皺巴巴，毫無精神的老人，如此看來，吉田明的身體狀況確實已經很糟了，幾乎就快往生了！

　　洪伯文不忍見到好友受到如此折磨，心裡想無論如何要想個辦法來救這位朋友，他告訴吉田明，何不考慮換腎？但是，在日本換腎是幾乎不可能的，因為日本的法律對器官移植法規定的相當嚴苛，全日本七年來只准許一千七百多件換腎案件通過，更何況是對一位七十多歲的老人而言，條件更是不利，根本無法排到換腎的機會。

　　洪伯文聽到自己相識半世紀的好友，受到如

此病痛的折磨，這個消息讓秉性善良的洪伯文猶如感同身受般的難過，也同時為這個兒時的玩伴煩惱不己。個性喜歡助人的洪伯文，深深覺得應該盡自己最大的能力去幫助好友渡過這個難關。因為洪伯文常常前往中國演講的緣故，因而結識一些在醫學界頗有份量的教授，再加上他開朗隨和的個性，和這些醫學院的教授們後來都成為好朋友。

其中有位在北京醫學院當外科教授，這位北京醫學院的教授有著廣大的人脈，洪伯文腦子裡閃過一個念頭，希望能透過這位好心的教授幫忙，試試看能不能救救飽受病魔摧殘的吉田明脫離苦海？畢竟救人是無國界，也算是好事一樁。

中間歷經了種種的困難及不少波折，但是皇天不負苦心人，吉田明有救了！終於等到一顆腎臟，一顆可以延續他的生命，可以重新點燃他對生命的熱情與希望的腎臟！多虧這位教授的鼎力相助。

吉田明住進醫院內最豪華的將軍級病房，病房內有四個房間，包括一間會客室，一間特別護士的房間，一張很大的病床，以及很棒的洗澡間，病房內還附設冰箱、電視……等設備，這間

豪華病房大約有五十多坪。吉田明看到這麼豪華的病房，感到受寵若驚，說道：

「哇！從來沒有住過這麼豪華的病房！這不是五星級的病房嗎？」

由於洪伯文當時有要事在身，無法久留北京，於是他安排了曾任北京台灣同鄉會長的好友來當吉田明的總管，又替吉田明僱了一個二十四小時的看護，及一位北京電台日語廣播員作他的翻譯，如此細心謹慎的安排完畢，洪伯文才放心的飛到台灣來處理事情。

很快的有了好消息！醫院告訴吉田明送來了一個腎臟，但經過檢驗發現，這顆腎臟是有病毒的，只好捨棄不用。還好第二天又進來了一個腎臟，這次的腎臟是健康的。於是換腎的這個大手術就開始了，經過漫長的手術後，吉田明被安置在加護病房的觀察室，這個地方除了醫護人員外，其他人是被禁止進入的。手術醒來後的吉田明發現自己躺在一個不知名的病房內，四周的醫護人員全都講他聽不懂的中國話，吉田明嚇壞了，以為自己被送來中國當作人體實驗，恐懼萬分，拼命想往外逃跑，後來經過翻譯人員的一番解釋和安撫，他才稍微安心的回到觀察室繼續療

養。

　換腎手術結束後的幾小時，吉田明竟然激動到哭了，因為他看到自己久違多年的尿液，終於可以像正常人一樣的解放了！這是一個多麼難得的改變呀！這樣的結果，讓一位多年無法正常排尿的洗腎患者感動到喜極而泣！

　經過三星期的住院觀察，吉田明終於恢復健康，回到日本。他非常感激洪伯文的救命之恩，

⬆吉田明換腎。

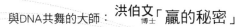

對洪伯文說：

「伯文，你是世界上對我最好的人，因為你救了我一命！」

幾個月後，洪伯文收到一張吉田明寄來的照片，照片裡有著風光明媚的義大利景色，原來現在的吉田明實現了他多年來無法達成的願望，終於可以帶著他心愛的老婆到義大利遊覽了，這對幾個月以前的吉田明來說，是作夢都不敢想的事情呀！

25. 我的科學研究夥伴：林少光博士

在現今如此龐大繁雜又浩瀚的科學領域裡，若要有突破性的發明，單憑一己之力單打獨鬥，幾乎是很難完成的。除了要有好的構想外，還必須配合好的執行者，才能共同激發出美麗的火花，現今科學上許多令人驚嘆的發明就是需要有多方配合條件，才能被創造出來！

林少光博士，就是這麼一個讓洪伯文所需要的人，洪伯文的許多構想都是請林少光博士幫他執行並實現出來。例如：前面文中提到的「蛋白質激酶」的重要發現，就是洪伯文提出構想後，交由他的班底中的重要靈魂人物——林少光博士來完成。

這個在近代的生化史上有著劃時代貢獻的發現，使得後來繼續作與此相關研究的四個人，陸陸續續拿到諾貝爾獎。

林少光博士是個實力派的生化專家，她不但聰明，還有超強的試驗研究能力，可以把複雜的科學實驗分析並歸納結果，真是一個不可多得

的人才。這樣一個優秀的人才，是從我們台灣過來的，林少光博士從小就是資優生，畢業於北一女，接著因為成績優異被保送台大，後來又在美國有名的西北大學拿到生化博士，能夠擁有這樣優異的學歷背景，當然是無庸置疑的優秀人才。

但千里馬還是需要伯樂的賞識才能有發揮的舞台，洪伯文慧眼識英雄，把她網羅進亞培公司，成為自己的研究班底。林少光博士也沒讓洪伯文失望，在工作上的表現非常傑出，這樣不可多得的人才，使得洪伯文在後來跳槽到惠氏公司的時候，還不忘把她一起挖角過去，亞培公司一次損失兩名優秀的人才，真是虧大了！

當然，洪伯文也盡到提攜之力，在惠氏公司擔任研發部副總裁時，將她升到分子生物室的副主任位置，好讓這位來自台灣的優秀科學人才，有繼續發揮的空間。

這麼一位難能可貴的得力助手，讓洪伯文很多的科學理念得以實現，在此，洪伯文特別要撰文以茲感謝，如今林少光博士也已經退休了，但在洪伯文的輝煌發明史裡，她佔有很重要的地位！

26. 可愛的中國院士 ：洪濤教授

　　洪濤教授是北京病毒所負責電子顯微鏡的一位科學家，白裘恩醫學院畢業的醫學博士，他參與了中國很多需要用到電子顯微鏡觀察研究的重要工作。例如：中國湖南長沙馬王堆出土的漢朝妃子考古工作。這具在 1972 年被發掘的保存完好的女屍，據考證為西漢時期長沙國丞相利蒼的

⬆ 洪濤院士在惠氏藥廠。

妻子辛追，年齡約五十歲左右，出土時軟組織有彈性，血管清晰可見，為世界考古史上前所未見的不腐濕屍，洪濤教授是當時用電子顯微鏡從事這研究工作的人員之一，對國家的貢獻很多。

　　洪伯文常去北京病毒所演講，和洪濤教授是好朋友，洪伯文建議他除了電子顯微鏡外，可以再往現在科學主流分子生物學方面研究，會更有發展。於是，洪伯文邀請他到美國惠氏公司做客座研究員，他也帶了一位技術助理到美國洪伯文家寄住一個多月，每天到惠氏公司學習如何使用腺病毒作載體的遺傳工程工作。工作之餘，洪伯文帶著這兩位朋友到住家附近的費城遊覽觀光，費城是美國宣佈「獨立宣言」的地方，有著名的「獨立廳」（Independence Hall），和象徵美國獨立的「自由鐘」（Liberty Bell）。獨立廳就是當年華盛頓宣佈「獨立宣言」的地方，接著又在這裡起草了美國憲法，在美國歷史上具有重要的紀念意義。獨立廳是一棟傳統的喬治亞式兩層紅磚樓房，白色的門窗、尖塔，獨立廳裡有一個重要的房間，展示獨立宣言起草及簽署的場景，另一間大房間是用來舉行重要會議的地方，室內保留著當時的會議場景和傢俱裝飾，幾十幾

⚓ 洪濤院士在洪家。

張會議桌上鋪著綠色絲絨台布，桌前文具盒裏都插著當年使用的那種羽毛筆。桌面上還放著蠟燭台、零散的紙張和書籍。安放在主席台上的高背椅是華盛頓擔任制憲會議主席時坐的。椅背上雕刻著初升的太陽，人們稱它為旭日椅，象徵這個國家光明的未來。

就在大家沉浸在參觀的氛圍當下，這位中國來的院士——洪濤教授，突然把門打開，朝議會

廳最後排最高的大椅子飛奔過去，沒想到，這位
洪濤院士竟然坐在當年華盛頓坐的那張刻著太陽
眼的大椅子上，這個突如其來的舉動，讓所有在
場的觀光客都停下動作，不約而同的把眼光集中
在他身上，此時，美國國家古蹟管理員很驚訝的
說：

「怎麼會有人跑到華盛頓總統的椅子上坐
呢？」

這是前所未有的事情，這樣的動作，讓一
同前來的洪伯文愣住了，古蹟管理員立刻叫他
下來，當他下來後才知道自己做了一件糗事，闖
了一個大禍，在場的訪客全都捧腹大笑，心想：
「怎麼會發生這種事情？」因為參觀的歷史文物
是被圍起來，禁止進入的，洪濤院士卻自己將門
打開，跑到陳列華盛頓總統的椅子上坐著，真是
前所未聞的創舉！不過，從這點也看出洪濤院士
天真的赤子之心。

獨立廳附近有一口大銅鐘──自由鐘，陳列
在自由鐘館（Liberty Bell Pavilion）內，這是
當年美洲的 13 個殖民地，當宣佈脫離英國統治
獨立建國時敲響的鐘，1783 年 4 月 16 日，鐘聲
宣告美國獨立戰爭勝利。此後，每逢美國國慶日

7月4日，都會敲響象徵美國獨立的鐘聲。洪濤院士這回並沒有敲這個鐘，要不是因為剛才坐椅子事件被制止，不然，我想，他一定不會放過敲自由鐘的機會的。接著，在洪伯文熱情招待下，他們坐上費城的馬車繞市區參觀，大家都玩得很愉快。

回到洪伯文家中，洪濤看見地下室有乒乓球桌，興致一來，提議道：

「我的乒乓球打得很好，大家不妨來個比賽。」

洪伯文回答：

「算了！算了！我的球技是很高的，就不要比賽了吧！」

洪濤很不服氣，說道：

「我的球技也很好呀！」

洪伯文就和他開個玩笑說：

「院士，如果你吃鴨蛋的話，要脫光衣服喔！」

洪濤大笑說：

「這不可能嘛！又不是笨蛋，怎麼會打零分？怎麼會有21：0的事情？」

於是洪伯文和洪濤院士就開始展開乒乓球大

賽……

　　「5：0」…，「10：0」…，「15：0」…，這個時候，洪濤院士的臉色變了很著急的模樣，因為洪伯文發的球旋得很厲害，普通是接不到的。到了「20：0」的時候，洪濤院士簡直不可置信，就剩最後一顆球了，結果呢？還是「21：0」。洪伯文提醒他：「你要脫褲子了！」這位洪濤院士到底脫了沒？賣個關子吧！想知道情形去問洪院士吧。

27. 和以色列首相及國會議長會面

1991 年，以色列政府邀請洪伯文，為一所巴伊蘭大學（Bar Ilan）新成立的癌症中心做揭幕典禮上的貴賓，這所大學成立研究癌症中心，也是以色列政府視為最重要的大學，所以以色列政府在其即將啟用中心時，為這所學校舉辦一個盛大的揭幕典禮，並邀請世界各國在癌症領域上頂尖的幾位人物來為這所大學做主講，洪伯文就是當時受邀的國賓之一。

但是，當時以色列對黃皮膚的東方人十分不友善、不信任和排斥，因為之前，以色列機場發生被來自日本的「赤衛兵」，用槍瘋狂向機場民眾掃射的自殺事件，造成許多無辜的以色列人傷亡，因此，以色列政府對所有的亞洲人、黃種人都抱著防備的心態，戒慎恐懼，深怕上次的悲劇又重演。

洪伯文在參加巴伊蘭大學揭幕典禮的主講後，受到以色列首相 Itsak Shamir 的接見。以色列首相是很少露面的，因為以色列是一個有著

特殊宗教背景和悲慘歷史的國家，加上地理上的
不利條件，四周環伺著虎視眈眈的敵國，長期不
斷的戰爭，幾乎是處在草木皆兵的戒備狀態。洪
伯文能見到以色列首相，對一般人而言，覺得是
件不可思議的事情。

　　洪伯文見的這位首相 Itsak Shamir，個子矮
矮的，過去曾從事特務工作，如此的背景算是很
符合以色列這個國家的國情。洪伯文還到國會，
見到以色列的國會議長，並和其談話。會談結束

⌃ 以色列首相接見。

後，以色列政府人員詢問洪伯文這位貴賓，想到以色列的哪些地方遊覽參觀，洪伯文想了想，最後他選擇了一直想去的三個地方。

第一個地方是：馬薩達（Masada）。馬薩達是猶太人反抗羅馬帝國時期，最後一座被攻陷的要塞，它的陷落表示著朱迪亞王國（古代巴勒斯坦南部地區，包括今天的以色列南部及約旦西南部，耶穌在世時，它是希律王室所統治的地區，也是羅馬帝國敘利亞行省的一部分）的覆滅。就在猶太人大起義，被鎮壓的最後一天，在

⏶ 馬薩達—以色列人民殉難處。

馬薩達發生了一個悲慘而感人的故事，它既成為
猶太文化的一個代表，也成為全人類不斷爭取自
由、反抗壓迫的一個象徵。現在的馬薩達就是一
個古羅馬時期要塞的遺址，在 2001 年，馬薩達
國家公園被收錄在聯合國教科文組織的世界文化
遺產名錄當中，它建立在死海西岸的一個四面都
是懸崖的高地上，是一座典型的要塞，這個擁有
儲藏系統、蓄水系統以及城牆炮台等完備的防禦
體系，是由希律王在西元前 37－34 年設計並建
造完成的，希律王死後，馬薩達要塞由羅馬人派
兵駐守。

　　西元 66 年，在馬薩達曾經發生過一件驚天
動地的真實故事，當時在猶太人反抗羅馬人的大
起義中，一支猶太人隊伍攻佔了馬薩達要塞，隨
著戰爭的延續，馬薩達要塞中的猶太人成為最
後一支未被鎮壓的起義軍，西元 73 年，羅馬人
率大軍圍攻馬薩達要塞，由於要塞地勢險要，易
守難攻，再加上要塞完善的防禦體系，羅馬人的
圍攻持續了數月都沒有成功，羅馬人的軍隊分別
駐紮在要塞周圍的八個營地中，最後，他們修建
了一條從地面直達要塞的大斜坡，又製造了很多
帶有巨型大鎚的攻城車，他們先用很多超長的燃

燒的大木條將城牆燒軟，然後使用巨型攻城車攻城，經過數月的頑強抵抗，就在馬薩達即將被攻陷的前一天，猶太人起義軍領袖將城中全部 960 人召集在一起，發表了兩次慷慨激昂的演說，號召所有猶太人，與其被羞辱成為羅馬人的奴隸，還不如由自己選擇結束生命並永遠和家人在一起。於是，他們先選出了十名士兵，先將其它的人全部殺掉，再由其中一人殺死其餘九人，最後剩下的那個人也結束了自己的生命。

不過他們留下了兩名婦女和五個孩子，並把他們隱藏在蓄水池，再由他們告訴攻進城中的羅馬人究竟發生了什麼事情。當羅馬人攻進要塞的時候，他們被眼前看到的景象嚇呆了。現在這個故事已經被拍成了電影。

現在參觀馬薩達國家公園有三條路線，東面倚靠懸崖修建的盤旋上昇的蛇行路線，和電動上山纜車，以及西面由當年羅馬軍隊修建的大斜坡進入馬薩達遺址。

第二個地方是：死海（Dead Sea）。死海，地球上位置最低的內陸鹹水湖，它低於海平面 400 米，由於含鹽量極高，所以任何人在巨大的浮力作用下，都會自然而然的漂浮在水面上，

正因為它 33 ％的含鹽量，沒有任何鳥類魚類生長，一片死寂，故稱死海。

在前往死海的山路上，有很多標有目前海拔的路牌，在經過海拔零米的路牌後，汽車就是在海平面以下行駛了。死海的沙灘上有很多巨大的棕櫚樹，樹下還有專用燒烤爐，有很多當地遊客攜全家老小帶著帳篷和各種食品，在這裡野營燒烤，湛藍的海水在不遠處泛著金光，眼前的景象並不像傳說中的死海那樣死氣沉沉。洪伯文和他的夫人南西，早已迫不及待跳入水中，享受那種自由自在的感覺，雖然大家早已知道任何人都可以輕而易舉的漂浮在死海的水面上，但是當洪伯文被水底一股莫名的力量托在水面的時候，還是感到無比的神奇和有趣。

洪伯文躺在水面上，四肢舉高，看到遠處藍天上飄著像白紗一樣的雲，心想海平面此時就在他頭頂 400 米的地方，頓時感嘆「世界真奇妙」！

此時大家可以在死海的水中嘗試一些平時完全無法想像的動作，像小孩子一樣盡情的玩耍，但是只有一個動作在這裡是全然不可能的，那就是潛水。由於水中有三分之一是鹽，而且這種鹽

裡面有一種油油的東西，糊在身上，給人感覺不是很舒服，如果你的嘴唇上沾到了海水，那是一種鹹中有苦，苦中帶澀的滋味，如果海水不小心濺到眼睛裏，那可就慘了，會使你頓時淚如泉湧，疼痛難當，而且手上因為也有海水，又不能去揉，總之是一種很危險的感覺。

　　第三個地方是：特拉維夫（Tel Aviv）。洪伯文當時住的希爾頓飯店，就是位於──特拉維夫。這地方是以色列最大的都市，也是以色列經

27

和以色列首相及國會議長會面

⬆ 死海。

濟、文化的中心，世界各國的外交使節大都設使館於特拉維夫，以色列政府的外交部也在這裡。特拉維夫是一個十分現代化的城市，有很多高樓大廈，而且街道十分乾淨，街道上的一側可以看到湛藍的泛著金光的地中海海水，還有金黃色的沙灘和高大的棕櫚樹，徐徐的海風吹在身上，讓人感覺非常舒服。

　　在以色列的大街上，經常能看到身著軍裝，肩背大包，手持衝鋒槍的年輕人，這時不必見怪，因為以色列是一個全民皆兵的國家，它就是在不斷的戰爭中發展起來的，它是世界上唯一一個要求女子與男子一樣必須服兵役的國家。

　　洪伯文後來又到位於以色列北邊的一個和黎巴嫩交界的地方，駐守著許多以色列士兵，這裡是防範巴勒斯坦游擊隊攻擊的防線，洪伯文向來對槍枝很有興趣，竟忍不住要求一位以色列士兵，請他將手上那把威力強大的烏茲衝鋒槍借他拿來看看，此時以色列士兵面露難色，但因為洪伯文是國賓，就在政府派來的官員示意下，終於讓洪伯文如願以償，體會了握持衝鋒槍的特別感受。事後想想，這是件挺瘋狂又危險的事，萬一，當時洪伯文是外國派來的特務，也許就在一

陣掃射中造成不少人的死傷！

　　經過這幾天難忘的參觀，接著洪伯文必須代表美國到日內瓦參加國際衛生組織（WHO）的會議。以色列飛機場的海關安檢向來以嚴格著稱，許多遊客除了必須接受搜身、翻包的仔細檢

⬆ 在以色列國界手持烏茲槍。

查外，還必須回答安檢人員的盤問，例如：「你從哪裡來？來這裡做什麼？屬於哪家公司？……」如果他們對你的回答不滿意，會隨時把你扣留，不讓你過關。當時，安檢人員也是這樣很不客氣地盤問洪伯文：

「你為什麼到這裡來？你做了什麼事情？你見了什麼人？」

洪伯文照實回答說道：

「我見了你們的首相。」

安檢人員不相信的說：

「不可能！完全不可能！」

洪伯文接著又回答道：

「我還見了你們的國會議長。」

這時，安檢人員以為洪伯文胡說八道，很生氣地說：

「這更不可能！首相和國會議長是不會曝光的。」

於是，安檢人員把安檢經理叫出來，嚴厲的把洪伯文訓斥一頓，洪伯文心想，糟糕了！如果被扣留在這裡，就不能到日內瓦開會了。此時，洪伯文忽然靈機一動，想到幾天前的當地報紙，刊登了有關他的消息，以及報導他與首相見面的

事情，於是就從包包裡拿出剪報給安檢人員看，安檢人員一看，才恍然大悟相信洪伯文的話，知道他是國賓，這時才放他走。真是叫人虛驚一場，這個以色列國也太過份小心了吧！

兩天過後，輪到洪伯文的夫人南西要出海關時，也同樣遭到嚴格的盤問：

「妳的丈夫跑到哪去了？」

「他到國際衛生組織日內瓦開會去了。」南西回答道，並把洪伯文會見首相及議長一事，仔細的告訴安檢人員，這才讓 Nancy 通行。所以說，以色列真是非常戒慎嚴格的國家，尤其是對有著東方臉孔的人。

28. 脫到只穿三角褲的
氣功按摩師

　　1990年，北京再度邀請洪伯文到中國演講，演講結束後，政府官員依然很客氣地詢問洪伯文：「洪博士，這次您想到哪裡玩？」洪伯文想去黃山，因為黃山是中國十大風景名勝中唯一的山岳風景，自古就有「五嶽歸來不看山，黃山歸來不看嶽」、「登黃山天下無山」的美譽。所以洪伯文就決定去登黃山吧！

　　從北京飛到安徽屯溪賓館，一輛車子來接洪伯文，那輛車子是李鵬的座車，另外還派了一個導遊及一個司機，北京生物製品研究所的副所長也陪同前來，可見洪伯文是受到相當的禮遇。

　　只是不巧的，當天黃山的纜車故障了，這怎麼辦呢？導遊表示沒關係，纜車壞了，還有替代的辦法，就是坐轎子上黃山。不過，坐轎子可不便宜，要110元美金到北海飯店，洪伯文替夫人Nancy雇了一頂轎子，他認為自己的身體很好，還不需要坐轎子，而且這樣還可以運動，沿路欣賞風景。

⬆ 黃山坐轎子。

脫到只穿三角褲的氣功按摩師

　　沒想到抬轎子的兩個人走沒幾步，就開始罵起他們的老闆：「哼！拿人家 110 塊美金，卻給我們十塊錢！一趟路這麼遠，又難走，簡直是剝削我們，不把我們當人看嘛……」一路上兩人不

停的向洪伯文訴苦，你一言，我一語，嘀嘀咕咕的抱怨不停。在這兩個轎夫的疲勞轟炸下，洪伯文也無法專心欣賞眼前的美景，又覺得氣氛很尷尬，彷彿壓榨他們的人是自己，就在此時，沒想到更勁爆的事情發生了！

　　大夥兒走到半山腰時，忽然間，有一個手持開山刀的人從樹林間跳了出來！洪伯文嚇了一大跳，以為遇到山賊來搶劫，結果仔細一看，原來不是山賊，是中國的公安！

　　這時一直跟在後頭抬著空轎子的兩個轎夫，驚魂未定，馬上丟下轎子，拼命地往山坡逃竄，不見蹤影了！只見這個從樹林間跳出來的公安，拿起開山刀以迅雷不及掩耳的速度，朝轎子亂砍了幾刀，只聽見「噗！噗！噗！」幾聲輕脆的響聲，原本跟在後方的那一頂轎子，三兩下就被切得七零八落，丟到山底下去，一頂轎子就這樣瞬間化為烏有，那個公安手法乾淨俐落，真令人大開眼界！

　　原來洪伯文夫人南西坐的轎子是有牌照的，沒有問題。但跟在他們後面的這頂轎子，是沒有牌照的，可是為了賺錢，他們一直緊跟在洪伯文的後面，他們一直在等，在等洪伯文體力透支，

吃不消時，機會就來了。他們心想，這個從美國來的「肉腳」，一定撐不了多久，到時候這頂轎子就派上用場了。嘿！嘿！

　　沒想到這個如意算盤還來不及實現，就被公安給毀了。錢沒賺到，還損失了一頂轎子，洪伯文雖然同情他們，但更慶幸的是，還好！自己沒有坐上那頂轎子，不然豈不遭殃了！說不定還會被公安砍傷呢！所以他得到一個經驗，還是守法比較妥當，以免惹禍上身！

　　經過了幾個小時的折磨，這行人終於走到了黃山頂上的北海飯店，洪伯文給了幫南西抬轎子的兩人各 20 元美金的小費，這兩人拿到小費後很開心，滿意地離開了。

　　但這時的洪伯文，雙腳已經不聽使喚地顫抖著。於是飯店人員介紹了按摩師來幫他服務，這老頭按摩師對洪伯文表示，自己不是普通的按摩師，而是很特別的氣功師父，他不光用手指頭幫客人按摩，而是用氣功幫客人按摩，說著、說著，就把身上的衣服一件件脫掉，脫到只剩下一件三角褲，洪伯文的夫人南西是白種人，很不習慣看到別人在自己面前脫光衣服，感到非常奇怪也很不自在。但也沒辦法，還是照他的意思，看

他究竟要變什麼把戲？接著他哈了一口氣說：「氣來了！」然後才開始按摩。按著、按著，大約過了半個鐘頭，這位氣功按摩師忽然說：

「沒有氣了！氣用完了！」

「不行！不行！要繼續。你回去，等有氣再來！」洪伯文抗議著。

這位氣功按摩師離開後，過沒多久，又來了一個身材很壯的年輕人，這個人也和剛才的那位老頭子一樣把衣服脫光光，只剩一件三角褲，露出魁武的身材，洪伯文問他，你年紀輕輕，不像剛剛那個老頭子，應該沒學多久吧？沒想到這個年輕人回答：

「喔！老頭子是我的學生。」

真叫人哭笑不得，是真的嗎？這兩個人的技術都還好，只是美中不足的是，一下子又沒氣了！只好放他回去灌氣！

29. 什麼叫「雙修」?

　　1991年，洪伯文再度應中國大陸的邀請，
到北京作專題演講，在演講結束後，中國的接待

⬆ 西藏布達拉宮。

官員很客氣的詢問洪伯文道：「洪博士，請問您想去哪裡玩？」洪伯文心想中國有名的黃山去了兩次，那麼這次就去西藏的拉薩看看吧！中國的接待官員聽了，馬上搖著頭說：「不行！不行！西藏的拉薩有 4,000 米高，您的身體一定會受不了的！」洪伯文接著說：「放心好了，我的身體很好呀，在美國，我經常坐飛機到科羅拉多去滑雪，那裡的高度有 3,000 米，沒問題的啦！」但是中國的接待官員還是不放心，最後決定派一位西醫跟著洪伯文一起去西藏。

飛機先經過成都，一天後才抵達拉薩，拉薩的確是海拔很高，但是洪伯文身體還適應良好，於是，便興致勃勃地想要即刻前往「布達拉宮」參觀。但沒料到旁邊這位派來要保護洪伯文的醫生，卻連忙喊道：

「不行！不行！我的身體吃不消了。」

洪伯文笑著的問他：

「咦？你不是派來保護我的嗎？怎麼變成我要照顧你了？」

中國官方對洪伯文非常禮遇，隨後派來一輛車子和導遊，來接待洪伯文，此輛車子是現在中國國家主席胡錦濤的車子，當時胡錦濤在西藏擔

任書記，所以他派了自己的車子來招待洪伯文這位國賓。洪伯文受到如此禮遇，也很開心隨著導遊四處遊覽。終於到了世界著名的布達拉宮。布達拉宮依山壘砌，在拉薩海拔 3,700 多米的紅山上，群樓重疊，內有 999 間房屋，殿宇嵯峨，宮體主樓 13 層，高 115 米，氣勢雄偉，佔地 41 萬平方米，堅實墩厚的花崗石牆體，金碧輝煌的金頂，被譽為高原聖殿。但當時的洪伯文卻無法靜下心來好好欣賞，因為房間雖多，卻沒有廁所！此時憋了很久的洪伯文，急如熱鍋上的螞蟻，真讓人有欲哭不能的感覺！（至於後來找到廁所了沒有？筆者沒有問。筆者想，他們可能躲到隱蔽的地方去解放了！這樣會不會造成污染聖地的罪名？那些喇嘛們又是怎樣解決的？）

接下來，導遊帶洪伯文參觀達賴喇嘛的夏宮——羅布林卡公園。洪伯文一行人進到屋內去參觀，裡面有一席席的蒲團，那是達賴喇嘛和老師討論密教、佛法、哲學、宗教的地方。此時眼尖的洪伯文看見達賴喇嘛的蒲團後方有一扇門，於是好奇的問導遊：

「那個房間是做什麼用的？」

這位導遊卻不願回答，這時和洪伯文一同前

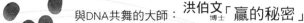

來的西醫發火了，說道：

「人家是國家的貴賓，你怎麼可以不回答問題呢？」在那位西醫的不斷逼問下，導遊只好不再隱瞞的說：「這是達賴喇嘛『雙修』的地方！」

洪伯文還是不明白，滿臉疑惑的繼續追問：

「雙修？什麼叫做雙修？」

只見導遊吞吞吐吐，欲言又止的解釋道：

「雙修，就是和女人性交的意思！」

洪伯文嚇了一跳，更疑惑的想著，這些穿黃色袈裟的喇嘛，清晨四五點天還沒亮就起來念經、打掃、自修，過著非常辛苦的日子，況且喇嘛不是禁慾的嗎？怎麼還會有「雙修」這回事？是否達到最高級的喇嘛，才有資格練這個「雙修」？這讓洪伯文感覺不可思議！更加疑惑！

30. 活佛因洪伯文而得到 新沙發

　　1992 年，洪伯文應中國政府的邀請到北京做演講。演講結束後，中國政府官員要招待這位國賓遊覽名勝古蹟。於是就詢問洪伯文：「洪博士，想去哪裡玩呢？」洪伯文想了想，清朝皇帝的夏宮在歷史上頗負盛名，很想參觀一下。於是就回答中國的接待員說：「那麼，就去承德看看清朝皇帝的夏宮吧！」

　　到了承德後，承德副市長親自接待洪伯文，並開著吉普車帶著洪伯文一行人前往清朝皇帝的夏宮參觀。副市長是專門掌管旅遊的，身上有一大串夏宮各房間的鑰匙，一般遊客無法進入房內參觀，只有在重要的貴賓來訪時，才能打開來讓這些貴賓參觀。承德的夏宮佔地 584 公頃，始建於清康熙四十二年(1703年)，雍正年間一度停工，到乾隆年間又繼續修建，增加了乾隆三十六景和山莊外的外八廟。是清朝皇帝夏天處理政務的宮殿，單是乾隆便來過 49 次，是中國佔地最大的皇家園林。

　　參觀完清朝皇帝的夏宮後，承德副市長接著帶洪伯文去一間很大的廟宇拜訪蒙古活佛，這位活佛和穿黃色的喇嘛是不同教派的，這位活佛的身材很高，年紀有八十多歲，但氣色仍然很好。宗教信仰是蒙古人生活的重心，所以每天有非常多的蒙胞排著長長的隊伍，就是為了想見活佛一面，蒙古人堅信能夠讓活佛加持，必能得到保佑遠離惡運，帶來福氣。所以，活佛在蒙古人心目中，是有著崇高且神聖的地位。

　　這位活佛和洪伯文談得很投機，而且欲罷不能，於是就邀請洪伯文到他居住的住宅去坐坐，繼續聊天，承德副市長就開車，載著洪伯文和這位活佛來到他的家中。但是，當洪伯文一坐下沙發時，馬上感覺有東西在頂他的屁股！洪伯文非常納悶，想知道究竟是什麼東西這麼大膽在戳他的屁股？結果一看，是沙發裡的彈簧露出來！原來這個沙發太老舊，早就不堪使用了，裡面的彈簧已經穿過表皮和客人打招呼了！這時，洪伯文笑著對承德副市長說：

　　「你們應該給這位活佛一些經費，幫他換套沙發，讓這個頂我屁股的沙發自殺吧！」

　　副市長非常尷尬地點頭答應，洪伯文接著向

這位活佛建議道：

「你每天不是都有上千個信眾排隊見你嗎？你在他們頭上摸一下，不是就收到 50 塊人民幣嗎？這樣的話，你的財源就有了呀！」

不過，這位活佛只有苦笑，不回答。

31

菩薩轉世？

31. 菩薩轉世？

　　近年來，因為洪伯文在台灣成立一個環球基因公司，所以經常回台灣巡視。公司裡的副總經理楊適旭，告訴他台灣有個叫作「九份」的地方很好玩，不妨去看看。這時，剛好洪伯文的堂妹也來台灣，這位堂妹十分優秀，從台灣北一女畢業後，竟然考上日本國立大阪大學醫學院，畢業後就待在日本當醫生，堂妹也很想到這個地方看看，此外，還有一位遠從美國來的顧問，Mr. Mckillip，這次也前來台灣看公司裡的細胞培養儀情形，大夥兒都很期待去看看「九份」這個地方到底是什麼樣子。

　　一群人就在楊適旭的導覽下，來到這個以前開採煤礦和金礦的小鎮，只記得沿途崎嶇蜿蜒，又陡又峭的山路，幾乎無法雙向會車，這讓來自美國，開慣筆直大馬路的洪伯文一路上冒冷汗，心驚膽跳，深怕一不小心，車子掉到懸崖下面去。

　　還好，終於是有驚無險，大夥兒平安到達山頂，開始逛街。那裡有很多賣紀念品的小店，

風景古樸，饒富趣味，的確是蠻有特色的一個地方。逛沒多久，大家肚子餓了，想找個地方吃午飯，後來，大家走進一家看起來相當乾淨、衛生、整潔的餐廳去吃飯。當大家坐定，準備點菜了，但菜單卻遲遲不來，等著、等著，終於走來一個人，這個人蓄著長髮，長髮挽成一個髻在腦後，模樣有點像女人，他告訴大家，他是這家餐廳的老闆，這位老闆也不立刻將菜單遞上，反而是一個一個打量著洪伯文這群人，似乎仔細地看什麼似的，等他看完一圈後，突然對著洪伯文問：

「先生貴姓？」

「我姓洪。」洪伯文回答。

接著，這位老闆忽然語出驚人的說：

「你是菩薩轉世。」

洪伯文以為自己耳朵聽錯了：「What?」他大吃一驚，覺得有些莫名奇妙。這時，坐在旁邊的楊副總解釋道：

「可能是您發明很多的藥，救了很多人，給他看出來了，他才這麼說你是菩薩轉世。」

聽了老闆這麼說，坐在另一邊的堂妹顯得興趣盎然，因為這位留長髮的老闆是來自西藏拉薩的傳教士，是信密宗的。於是，堂妹迫不及待的

追問：

「他是菩薩轉世，那麼，我呢？」

蓄著長髮的密教老闆，抬起頭，重新仔細端詳堂妹，慢慢回答：

「你可以過日子。」

堂妹聽完，顯得很不滿意，抗議道：

「這位是我的堂哥，我們有相同的祖父，我們的 DNA 是連在一起的，他是菩薩轉世，為什麼我只有過日子而已？」

這個密宗傳教士老闆笑而不答。在旁邊看了許久的美國顧問，因為聽不懂中文，要求洪伯文把之前的對話翻譯一遍，沒想到這位美國顧問聽完，也很有興趣想知道自己前世什麼？於是，便興沖沖地問長髮密教老闆：

「那我呢？我是什麼？」

這位密宗老闆又仔細看了半天，沒想到竟然回答：

「你是雜種！」

語畢，身邊很多人在偷笑。

洪伯文想笑又不敢笑，雖然這位密教老闆說的很對，美國是個「民族大熔爐」，的確有一大堆「雜種」。但是，洪伯文覺得還是不要翻譯比較好！

32. 一封信五百美元

　　1993年洪伯文又再度來到西藏，他對這個具有特殊宗教色彩的神秘地方有著濃厚的興趣。這次隨行者還多了一個外國人，那就是他的女婿Michael。

　　Michael是有著愛爾蘭血統的白皮膚道地美國人，在美國是一位傑出的放射性癌症醫師，年收入高達幾十萬美金。他對中國文化十分嚮往，於是在工作之餘想辦法抽出時間，和他的岳父洪伯文一同前往他心目中神祕的國度——西藏。

　　這次他們來到達賴喇嘛的夏宮——羅布林卡，羅布林卡位於西藏首府拉薩市的西部，建於18世紀中葉七世達賴喇嘛時期，占地約36公頃，以前達賴在這裡舉行法會，接受朝拜，接見官員以及處理政事。

　　洪伯文和Michael參觀完羅布林卡後，來到附近的一間小店，老闆是一位喇嘛，這位喇嘛對中共非常怨恨，不斷向洪伯文訴苦說，中共如何把他關了幾十年……

　　說著說著，這位喇嘛向洪伯文及他的女婿表

示，他有一個非常寶貴的古董，那個古董是西藏密宗黃教始祖宗喀巴的東西。宗喀巴是15世紀初的人，距今已有五六百年的歷史，他開創了西藏密宗黃教。所以，這是一件非常珍貴難得的稀世之寶。洪伯文的女婿對這件寶物倒是挺有興趣的，想把它買下來。喇嘛接著說，這件寶物具有強大的感應力，於是喇嘛舉起手來，在寶物上面晃了幾下，並請洪伯文親身體驗一下，洪伯文就照著他的指示，站在寶物的面前，喇嘛很有自信的問他：

「有沒有靈感呢？是什麼感覺？」

洪伯文馬上老實的回答：

「我想尿尿！」

這位喇嘛聽完這句話，十分不悅，繼續問：

「這怎麼可能？靈感怎麼會是想尿尿？」

洪伯文無辜的說：

「我只是實話實講而已，尿尿有什麼不對？這也是一種感應，尿尿是一種正常的生理現象。」

這位喇嘛幾乎快被洪伯文氣死！不過，喇嘛店門口，有一位年約十幾歲的小女孩蹲在門口寫英文。洪伯文的女婿覺得好奇怪，問喇嘛道：

「她怎麼在寫英文呢？」

喇嘛告訴他們：

「這小女孩從偏遠貧窮的藏北過來，被我收留著，她在自修英文。」

看見這位小女孩如此用功上進，苦練英文，這讓 Michael 深受感動，想給這個可憐的小女孩一些幫助和鼓勵。於是對小女孩說：

「我想幫助妳，我先給你五百塊美元，以後妳每一年用英文寫一封信給我，讓我看你的英文進展得怎樣，我就每年寄五百塊美元給妳。」

這就是洪伯文的女婿 Michael，真是一位仁慈又有愛心的好人。

33. 五十年金婚記事

　　洪伯文和他的夫人南西小姐是在 1956 年結婚，到了 2006 年已經 50 年了！

　　經過半個世紀的相處，他們依然保持良好的婚姻生活，互相尊重，彼此體貼。為了慶祝這可貴的 50 年結婚紀念日，洪伯文和他的夫人 Nancy 決定到大西洋上的綠寶石──愛爾蘭，去慶祝他們結婚 50 週年的金婚。洪伯文這次是參加旅行團，從美國到倫敦再到愛爾蘭。

　　愛爾蘭是個風景優美、綠意盎然的國家，首都 Dublin 是一座幾乎沒有高樓大廈的城市，到處可見古堡、教堂、和拱橋，是一個古色古香、充滿詩情畫意的田園式都市。唯一的缺點是物價昂貴，大約是台灣的兩到三倍，使用的是歐元。

　　後來旅行團來到愛爾蘭的西海岸，莫赫懸崖（Cliffs of Moher）。這個懸崖地形怪異，以奇險著稱。整個海岸如同斧劈劍鑿一樣，均是筆直地矗立在大洋邊，懸崖最高處距海平面 200 多米。懸崖附近，高聳著一座圓柱體的古堡。

　　讓洪伯文印象最深的是此地城堡裏的中世

紀宴賓廳，那時來自各旅行團參加宴會廳晚宴的旅客大約有兩三百人，這些來自世界各地的幾十個隊伍，大多是歐美金髮碧眼的白種人，將宴會廳擠得滿滿的，座無虛席。廳裡有一排排長長的桌子，晚宴開始的時候，一盤盤肉菜從前端傳下來。在晚宴開動以前，有一項有趣的節目，就是要從今晚所有的旅客中推選出一位德高望重的人，來當這場晚宴的主人。當選者就成了城堡今日的子爵和子爵夫人，在子爵還沒喊開動前，任何人都不許先動手吃飯。這個有趣活動是晚宴中的高潮，此時大家紛紛開始推舉代表，非常熱鬧。這些被提名出來的人，當然要具備相當的學識或地位或份量才能代表各隊伍。然後再經由各領隊，將提名者的經歷和背景作一個簡單的介紹後，讓所有的人投票，選出一位最有份量代表今晚宴會的主人，就在十幾個被推舉出來的競選者當中，洪伯文當選了！他成為今晚城堡的子爵，他的夫人南西則成為子爵夫人。這時，洪伯文被戴上一頂圓圓的子爵的帽子，然後授頒子爵證書，並被身穿中世紀愛爾蘭衣服的美女簇擁著，坐上高高的寶座椅子。不光只是這樣而已，子爵還被賦予相當大的權力，就是必須由他喊：「開

PEACE ON EARTH

Irish Earl & Lady
Appointed During
Golden Anniversary

⬆ 金婚年子爵和子爵夫人。

動！」底下的兩三百人才可以開始吃飯，當他停
下來時，底下全部的子民就必須暫停吃飯，若子
爵覺得宴會中某個人太吵或不守秩序，是有權力
將那影響秩序的人逮捕，並隔離不准他繼續進

食，當晚就逮捕了一個人，那個倒楣的人被帶到地下室後隔離關起來，後來大家看他可憐，丟吃剩的雞骨頭給他啃，實在有趣！這是洪伯文 50 年的金婚旅行中難忘的趣事。

另一個結婚紀念日──結婚 25 年的銀婚紀念日，也發生了一件令人覺得有意思的小插曲。當時洪伯文在亞培公司做事，工作十分繁忙，但是體貼又浪漫的洪伯文是不會忘記南西和他的結婚紀念日的。當時公司派他到舊金山開會，途中他想著要送什麼禮物給他的夫人南西作結婚 25 年的禮物呢？忽然靈光乍現，洪伯文突發奇想，想到一個很有創意的方法把禮物送給他的夫人。

他趁著在舊金山開會的空檔，買了一只相當昂貴的鑽石戒指，這個戒指上的鑽石有 2.6 克拉，所費不貲。接著，洪伯文專程跑到中國城去找專門做「幸運小餅乾」的店，「幸運小餅乾」是一種小餅乾，在美國的中國餐廳用餐結束時，餐廳都會用來送給客人。

就在洪伯文和夫人銀婚用餐結束時，這時，餐廳的一位女侍端著一個盤子走了過來，洪伯文趕緊迎上前去說：「我來！我來！」其實就在這個時候，洪伯文已經悄悄地將盤裡的餅乾給「調

 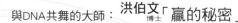

包」了！

　　當洪伯文的夫人南西將餅乾打開來時，嚇了一跳，收到這個禮物，非常驚喜，高興極了！這個時候一直站在他們旁邊的女侍也嚇了一跳，心想：「哪裡來的這麼大的鑽石戒指？」

　　沒多久當洪伯文轉頭時，瞥見那位女侍站在餐廳放「幸運餅乾」的角落，正在一個接一個打開「幸運餅乾」，努力尋找是否還有另一個鑽石戒指被包在裡面？洪伯文哭笑不得，不敢告訴她這個真相。

　　從這裡不難看出，婚姻的維繫也像事業的經營一樣，需要用心來灌溉，用創意來製造生活中的驚喜，如此才能化腐朽為神奇，讓平淡的日子增添許多難忘的感動！這就是洪伯文在婚姻生活中顯露的小創意和驚喜，是值得我們學習的地方！

34. 人生的智慧錦囊

　　從年輕時隻身提著行囊搭 21 天的船，前往海的那一端，遙遠而又陌生的「美麗堅共和國」開始，到現在已經五十餘年了！回首前塵往事，一個黃皮膚的東方人，在異國獨自奮鬥的過程，這中間歷經了許許多多的困難、挑戰，有成功有失敗，有快樂有煩惱，有淚水有歡笑，最後得到豐碩甜美的果實。這其中累積了太多的人生智慧與經驗，洪伯文在這裡要將自己所經歷的、走過來的寶貴經驗分享給閱讀這本書的朋友們，希望他的這些人生體會，能帶給他所牽掛懷念的台灣子弟們一些啟發及幫助，這就是他出這本書的最大目的。

　　以下紀錄洪伯文所說的話，盡量保持原來語句以示原意：

　　「天份是父母給的，運氣好，你是個天才，運氣差，就變笨蛋，這是無法更改的事，但是，光靠天份是沒用的，最重要的是努力，努力才是達到成功的關鍵。當然還必須要有健康的身體，身體健康才能做事。千萬不能交壞的朋友，你聰

明的話，自然就能分辨哪些是壞朋友，壞朋友就不要理他們。

　　人緣當然要好，人緣也是一個外交手段，人緣好，大家會喜歡你，有好的人緣，做事就好辦多了。

　　不過，你一定要有很好的表達能力去說服對方，還要有幽默感，所說的事情要合理，要胸有成竹，要有技巧。甚至有時候，要聲東擊西，出奇招！

　　至於運氣呢，不是每天都有的，運氣如海潮，潮起潮落，一來一去，你必須利用判斷力去抓住瞬間的幸運，因為幸運往往稍縱即逝，人的一生中是沒有幾次能遇到改變一生的好運氣的，若你能抓住這個特別好運，那麼你往後就比別人有更多的機會發光發亮！」

　　以上簡短有力的話，蘊含無限的深意。且有層次和階段：

　　天份→努力→健康→好朋友→人緣→表達能力→幽默感→判斷力→幸運→自我實現。

　　這是洪伯文經過多年淬煉的人生智慧，值得大家參考！

後記

　　洪博士在很年輕的時候，就毅然的提著行囊離開故鄉，勇敢的去追求理想，實現心中的夢想，這種魄力和勇氣是我沒有的，也是我做不到的。五十多年的異國奮鬥史，簡中的辛酸和淚水更不是我這未出國留學過的人所能體會的。

　　一個來自亞洲，默默無名的東方小子，在沒有人脈、沒有背景、沒有充裕資金、沒有學長提攜、沒有親人照料下，他憑著自己的智慧和努力，一步一腳印，慢慢的實現他的美國夢。在五十多年前的那個時代，是一個少之又少的先驅，

　　對當時的人而言，要坐 21 天的船到美國，無異是個「天方夜譚」！更何況在完全陌生的國度要和完全不同文化背景的人競爭，並佔有一席之地，這絕非容易的事。但最後證明他成功了，實現了自己的夢想，他發明了無數的藥品，造福了很多的人。

　　相信很多人和我一樣，非常羨幕洪博士擁有過人的聰明和不錯的運氣，其實，要成為一個成

 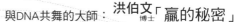
功的人，光靠聰明絕對不夠的，這也是洪博士經常說的一句話。

　　更不可以把成功歸因於運氣的好壞，幸運的背後是需要很多的條件去支撐的，若沒有充足的準備，適當的條件，當幸運來敲門時，那你也只有眼睜睜的看它逝去。

　　雖然洪博士有很好的國學底子，但畢竟在50多年旅居美國在週遭及家人都不會華語的情況下，幾乎沒有表達中文的機會，因此很多故事的敘述及語句的表達，會不經意使用美式中文，若拿一般土生土長的華人中文表達技巧和他來比的話，那是很不公平的。所以若要將傳記內的字字句句，轉化成優美的中文詞藻，對一個首次執筆的生手而言，更顯得困難重重。況且，在急迫又短暫的時間內，必須將它完成，心中的壓力自是不言而喻，若有寫的不好的地方，還請各位讀者多多包涵。

　　在洪博士一次次詼諧又幽默的敘述中，有時令我忍不住一邊打字一邊想笑，有時在聽到他發

明的過程，又忍不住深深的佩服他的創意和神來之筆，原來發明和創造就是要有跳出常軌的思考方式，和勇於挑戰傳統科學教條的批判性精神。

還記得在一次細雪紛飛的日子，和洪博士從鋪滿白色地毯的雪地附近漫步回家的時候，忍不住問了他一個問題：

「經過輝煌燦爛的成就後，再到現在平淡的退休生活，是否會感到寂寞？感慨人生苦短？時間無情又迅速的流逝是否會讓你造成壓力？」

他笑笑的回答：

「不會，因為我有一個記憶的寶盒，裡面藏著無數的寶貝，我經常把歡樂和喜悅拿出來品嚐……」

這就是洪伯文，樂觀、積極、進取、又幽默，就算是在癌症纏身身體不適的情況下，他依然堅強又勇敢。2006 年，積勞成疾的洪博士發現自己得了重病，但令人敬佩的是，洪博士不向病魔低頭的態度和堅強的求生意志，勇敢的對抗病魔。所以，洪博士趕緊把我從台灣找去美國，

 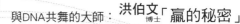
希望在這個暑假能幫他完成這個心願，幫他紀錄
一些科學的發明過程，及一些有趣的故事，希望
這本書能帶給他念茲在茲的故鄉——台灣同胞對
科學的啟示，及給想追求理想的年輕人一些鼓
勵。

　在紀錄完洪博士的小傳時，心中是充滿豐
收的喜悅，希望冥冥中的主宰者也能聽到一位優
秀發明家心底的聲音。願這本書能夠造福更多的
人，更多的人能閱讀到這一本書！

國家圖書館出版品預行編目資料

與DNA共舞的大師：洪伯文博士「贏的秘密」 /
夏秋蘋著. — 初版. — 臺北市 ： 前衛，
2007.12
　192 面；21×15 公分
　ISBN 978-957-801-571-5(精裝)
　1. 洪伯文 2. 臺灣傳記
783.3886　　　　　　　　　　　96023961

與DNA共舞的大師
：洪伯文博士「贏的秘密」

著　　者　夏秋蘋
責任編輯　陳正雄
美術設計　林敏煌
出 版 者　前衛出版社
　　　　　11261 台北市關渡立功街79巷9號
　　　　　Tel: 02-28978119　Fax: 02-28930462
　　　　　郵撥帳號：05625551
　　　　　E-mail: a4791@ms15.hinet.net
　　　　　http://www.avanguard.com.tw
出版總監　林文欽
法律顧問　南國春秋法律事務所　林峰正律師
出版日期　2008年1月初版一刷
總 經 銷　紅螞蟻圖書有限公司
　　　　　台北市內湖舊宗路二段121巷28.32號4樓
　　　　　Tel: 02-27953656　Fax: 02-27954100
©Avanguard Publishing House 2008
Printed in Taiwan　ISBN 978-957-801-571-5
定　　價　新台幣200 元